Dossiers et Documents

Collection dirigée par
Anne-Marie Villeneuve

Du même auteur chez Québec Amérique

Parce que c'était toi, 2010.
La Femme rousse, 2006.
Le Millionnaire, tome 3 – *Le Monastère des millionnaires*, 2005.
Le Millionnaire, tome 2, 2004.
Le Vendeur et le Millionnaire, 2003.
Miami, 2001.
Conseils à un jeune romancier, 2000.
Le Cadeau du millionnaire, 1998.
Les Hommes du zoo, 1998.
Le Millionnaire, tome 1, 1997.
Le Livre de ma femme, 1997.
Le Golfeur et le Millionnaire, 1996.
Le Psychiatre, 1995.

TOI ET MOI

Catalogage avant publication de Bibliothèque et Archives nationales du Québec et Bibliothèque et Archives Canada

Fisher, Marc
  Toi et moi : petit traité de la folie à deux
  (Dossiers et documents)
  ISBN 978-2-7644-0950-3
  1. Couples. 2. Relations entre hommes et femmes. 3. Bonheur. 4. Amours.
  I. Titre. II. Collection: Dossiers et documents (Éditions Québec Amérique).
  HQ801.F562 2011   306.7   C2010-942371-2

 Conseil des Arts du Canada   Canada Council for the Arts

Nous reconnaissons l'aide financière du gouvernement du Canada par l'entremise du Fonds du livre du Canada pour nos activités d'édition.

Gouvernement du Québec – Programme de crédit d'impôt pour l'édition de livres – Gestion SODEC.

Les Éditions Québec Amérique bénéficient du programme de subvention globale du Conseil des Arts du Canada. Elles tiennent également à remercier la SODEC pour son appui financier.

Québec Amérique
329, rue de la Commune Ouest, 3ᵉ étage
Montréal (Québec) Canada H2Y 2E1
Téléphone : 514 499-3000, télécopieur : 514 499-3010

Dépôt légal : 1ᵉʳ trimestre 2011
Bibliothèque nationale du Québec
Bibliothèque nationale du Canada

Projet dirigé par Anne-Marie Villeneuve et Anouschka Bouchard
Révision linguistique : Chantale Landry et Claude Frappier
Conception graphique : Nathalie Caron
Montage : André Vallée – Atelier typo-Jane
Photographie en couverture : gettyimages

Tous droits de traduction, de reproduction et d'adaptation réservés

© 2011 Éditions Québec Amérique inc.
www.quebec-amerique.com

Imprimé au Canada

MARC FISHER

TOI ET MOI
PETIT TRAITÉ DE LA FOLIE À DEUX

ESSAI

Québec Amérique

Demain doit être l'âge de la femme.

Le dalaï lama

1

CE QU'IL FAUT POUR TOMBER AMOUREUX

« Je la trouve belle, je l'ai toujours trouvée belle », avouait Sartre en parlant de Simone de Beauvoir.

Ils vécurent l'une des plus célèbres histoires d'amour du siècle dernier, peu orthodoxe, il est vrai, mais qui dura tout de même 51 ans !

N'est-ce pas toujours ce qu'on veut pouvoir dire de l'être aimé ?

Et ça ne signifie pas, bien entendu, qu'il soit objectivement beau ou séduisant. Mais on voit en lui ce que bien souvent les autres ne voient pas, à telle enseigne qu'ils se disent justement : « Je ne sais pas ce qu'il ou elle lui trouve ! »

Et c'est ça qui est magnifique, ce miracle qui arrive tous les jours et qui peut vous arriver ce soir ou dans deux jours, et qui peut changer complètement votre vie.

Je ne crois pas que, homme ou femme, on puisse être amoureux de quelqu'un qui ne nous plaît pas physiquement. On préfère rester amis, ou alors on fait semblant d'aimer en tentant de se convaincre qu'on aime vraiment.

Comme on n'est pas heureux, on soupire constamment, ou on boit, on s'ennuie et on regarde ailleurs, pour trouver justement cette personne qui nous plaira *vraiment*. On vit en attente, si j'ose dire, et l'autre finit par le sentir et en souffrir, et à la fin, il tire sa révérence.

L'homme est sans doute plus souvent que la femme atteint de ce qu'il est convenu d'appeler «le coup de foudre».

Sauf exception, la femme lui plaît tout de suite ou... ne lui plaît jamais!

Car il suffit que le nez d'une femme lui déplaise, que sa voix l'agace, qu'il la trouve trop petite ou trop grande – bien des hommes ne supportent pas de sortir avec une femme plus grande – pour que son amour pour elle ne naisse jamais.

Parfois, simplement, même s'il trouve une femme jolie et qu'elle est éprise de lui, elle n'est pas son genre : elle est blonde et il préfère les brunes. Il préfère les brunes parce que sa première amie était brune, parce que sa mère l'était.

La femme se montre plus «indulgente» dans son choix amoureux. Elle a bien sûr son genre, elle préfère certains types d'hommes, et elle a aussi ses *turn off*, ses aversions. Mais elle est plus «patiente». Elle peut souffrir que son émoi tarde un peu à venir : deux soirs, deux semaines, deux mois même, et parfois bien plus longtemps.

La femme donne la chance au coureur, surtout s'il lui fait bien la cour. Si l'homme la fait rire, s'il est charmant, s'il l'écoute, s'il s'intéresse à elle, à sa personnalité et non seulement à sa «personne alitée», il marque des points.

S'il sait la faire rêver, s'il lui parle de la vie qu'ils pourraient avoir ensemble – une maison, des enfants, des voyages, des amis –, s'il sait lui «vendre» le couple qu'ils pourraient former, s'il lui démontre poétiquement qu'ils sont des âmes-sœurs parce qu'il le sait depuis le premier instant, s'il a même l'audace de lui dire qu'elle est folle si elle ne le croit pas, qu'elle est folle et suicidaire si elle ne part pas avec lui, là, tout de suite et pour toujours, s'il le lui texte sept fois par jour pendant sept jours, puis s'arrête sept jours pour la rendre un peu inquiète, pour qu'elle se «réveille», s'il lui dit «Je t'aime à la folie» par trois jolis bouquets de fleurs qu'il envoie à son bureau ou dépose à sa porte, elle finira peut-être par dire oui, même si elle n'est pas prête, même si c'est trop tôt, si elle est encore amoureuse de son ex, qui l'a traitée comme une moins que rien et est parti avec sa meilleure amie.

Et elle se sentira le cœur léger tout à coup, elle aura envie de tourner la page sur son passé, de se remettre à rêver, à danser, à rigoler car l'homme qui est fou d'elle l'a convaincue de dire OUI, et c'est toujours ainsi que tout commence, en amour comme en affaires !

2

SOMMES-NOUS COMPATIBLES ?

Même si on croit se rendre à ses premiers rendez-vous galants seulement avec son cœur, ses angoisses et ses rêves, on s'y présente aussi avec l'agenda, plus ou moins secret, plus ou moins avoué, de… qualifier l'autre ! On veut vérifier ses chances de bonheur avec lui, surtout si on a connu des déboires dans le passé.

On ne se fie plus à la chance seule, fée trop souvent décevante.

On veut prendre son temps, ou la mesure de l'autre, comme pour un vêtement cousu main.

On fait des calculs, des plans quinquennaux, des projections.

M'aimera-t-il, m'aimera-t-elle dans cinq ans, dans dix ans, lorsque j'aurai deux enfants, dix kilos de plus, plus un cheveu sur le coco ?

On tente de dresser les deux colonnes des profits et pertes futurs, si on songe à investir dans l'autre.

On fait la comptabilité des compatibilités.

Il faut donc que l'autre nous plaise, même si parfois ça prend un peu de temps, surtout pour les femmes, mais ce n'est pas suffisant.

Car même amoureux fou, on conserve un peu de sagesse.

Avant de perdre tout à fait la tête, on s'en sert un peu, surtout si on pense aller plus loin avec l'autre, surtout si on cherche quelque chose de sérieux, et pas juste une passade, auquel cas on fait moins la fine bouche !

L'autre est différent, c'est sûr, mais on se demande : « Avons-nous assez d'atomes crochus, de frissons, de dégoûts communs pour faire le voyage à deux sans connaître le sort du Titanic censé être insubmersible ? »

Oui, malgré nos différences, qui entraîneront des différends, nos compatibilités, nos traits communs seront-ils suffisants ?

Leur combinaison formera-t-elle cette rare et belle *crazy glue* qu'il faut pour préserver le bonheur à deux, pour garder le couple ensemble lorsque le *crazy sex,* le sexe fou, sera parti en voyage, et avec lui on ne sait jamais quand il reviendra, s'il revient un jour !

Avec sa lunette amoureuse – la plus précieuse si on y pense –, on examine discrètement l'autre et on se demande : « Est-il trop bien, est-il assez bien pour moi ? »

Selon ce qu'on vaut ou croit valoir, bien sûr.

Un peu comme un bijoutier examine un bijou qu'on veut lui vendre, on évalue presque toujours la valeur de l'autre.

Sentimentale.

Érotique.

Économique.

Intellectuelle, aussi.

La sagesse populaire prétend qu'il y en a toujours un qui est plus amoureux que l'autre, et par conséquent un qui fera souffrir l'autre, par son indifférence, son égocentrisme, et qui partira plus facilement – du moins le croit-il, car il y a parfois des surprises douloureuses. Et c'est un autre aspect de l'amour qu'on tente d'estimer au début – et plus tard aussi sans doute, quand les choses ne vont plus comme on voudrait...

Alors on se demande : m'aime-t-il, malgré sa froideur, malgré ses absences, malgré les comportements pas très aimables qu'il a parfois envers moi ?

Et aussi : m'aime-t-il vraiment, joue-t-il un jeu, peut-être en attendant que son ex revienne, ou pour la rendre jalouse, la forcer à bouger car elle sent qu'elle le perd, qu'il va refaire sa vie, et ça, elle ne peut le tolérer ?... même si ce n'était pas une vie qu'ils avaient ensemble mais un enfer !

Il y en a qui accepteront d'aimer quelqu'un qui les aime beaucoup moins, du moins selon leur évaluation. D'autres, toutefois, préféreront passer leur chemin, de crainte de trop souffrir. C'est souvent une question de destin.

On estime aussi la valeur familiale de l'autre.

Surtout si on est une femme dans la mi-trentaine sans enfant, qui n'a pas besoin de réveil le matin parce que son horloge biologique est bruyante comme le métro : alors il y a de fortes chances que, au cours de la première heure de la rencontre, elle pose la question : « Veux-tu des enfants ? »

Si on a déjà des enfants, les acceptera-t-il, les acceptera-t-elle ?

Dialogue possible car les situations sont parfois « intéressantes » :

Juliette :

— Je voulais te dire, en passant : ils sont de deux pères différents, mes enfants, ça te dérange ?

Roméo :

— Euh... non, les deux miens sont du même père, enfin je crois, ça fera une moyenne !

En ce cas, ne laissez pas passer si bon parti ! Les hommes aussi modernes ou aussi courageux (ou simplement amoureux de la Vie !) sont rares...

On pèse le pour et le contre, on donne une chance à l'autre, mais parfois on la lui retire parce que, au lit, c'est vraiment trop loin de ce qu'on espérait. Ce n'est pas qu'on soit si difficile, qu'on cherche la lune en plein jour : il y a pourtant un minimum requis, une sorte de *cover charge* pour entrer dans notre vie.

Si vous êtes un homme et que, la première fois, vous avez l'impression qu'elle pense à son épicerie ou à son ex, dont elle crie deux fois le nom, ou qu'elle ne veut pas « tromper » par quelque mouvement trop enthousiaste de ses hanches, de ses mains, vous vous refroidissez...

Si vous êtes une femme et que, le premier soir, à peine étiez-vous nue que déjà il était comblé et prêt à se rhabiller, vous vous mettez à réfléchir... Les « petites vites » sont surtout admissibles chez un couple déjà établi ! La première fois, au lieu d'un TGV du sexe, vous auriez préféré une calèche, c'est plus romantique, non ? Vous lui donnerez peut-être une ou deux autres chances. Mais si vous êtes déjà passée par là (rapidement !), vous lui direz peut-être poliment : « On se sexe, je veux dire on se texte et on lunche ! »...

Vous savez très bien que ça ne se produira pas, et vous rentrerez en vitesse à la maison, en riant ou en pleurant, c'est selon votre tempérament.

On se demande donc : doit-on passer son chemin ou ne pas rater semblable occasion... parce qu'on ne trouvera pas meilleur *deal* ailleurs ?

Les temps (amoureux) sont durs !

Parfois on est tristement pragmatique et pas très honnête, on se dit : « Je ferai un bout de chemin avec lui (elle), jusqu'à ce que je trouve meilleure affaire ! » Après tout, il faut bien avoir quelqu'un dans son lit ! L'onanisme, c'est peut-être le contraceptif infaillible, mais le jour du Nouvel An, après le Dom Pérignon, on peut quand même trouver mieux pour terminer la nuit – ou commencer l'année !

3

MÊME AMOUREUX,
ON PENSE UN PEU EN BANQUIER

Juste avant de plonger tout à fait, surtout si on vient de perdre des plumes, surtout si on est sorti perdant d'un amour fou, parce qu'on a trop donné, qu'on s'est oublié pour l'autre, on a le réflexe normal de penser un peu en banquier, comme si on voulait éviter un autre mauvais prêt de son cœur.

Par exemple, on n'est pas indifférent à la voiture que l'autre conduit.

C'est parfois pour cette raison qu'on le reconduit vers le stationnement, le premier soir, pas seulement parce qu'il fait noir : bien sûr, on tente parfois de lui voler un premier baiser, comme romantique salaire de notre peine !

Qu'on soit homme ou femme, on pense : « BM ça sonne mieux que GM ! »

Et la rouille sur une auto, ça nous fait sourciller, sauf si on a seulement 18 ans, alors on se dit : « C'est quand même mieux que le métro ! »

Une jolie femme dans une décapotable est plus jolie qu'une jolie femme dans une voiture minable !

Idem pour l'homme.

Et ça donne une idée (parfois fausse, il est vrai!) de son rang social, de son salaire.

On examine aussi les vêtements de l'autre car nous ne vivons pas comme des singes nus: quelquefois, l'habit fait le moine.

Hugo Boss, ça rend beau gosse.

Chanel, ça ne se démode pas.

On écarte souvent un ou une candidate, juste parce que sa manière de s'habiller nous déplaît, trahit un style de vie ou un métier qui nous refroidit.

Si l'homme porte une belle chemise blanche, qui a un effet sur tant de femmes, c'est bien. Mais si son col n'est pas aussi immaculé qu'il devrait l'être ou s'il est élimé, c'est moins bien. La femme se dit: « Il ne se soigne guère ou n'en a pas les moyens; ou alors il est radin, mieux vaut y penser avant de le laisser toucher le satin de ma peau. »

Si la femme porte des vêtements que l'homme trouve trop granola, il pensera, perplexe: « Elle va me faire manger des hamburgers au tofu, ou me proposer une prière zen avant chaque repas, très peu pour moi! »

Et si elle est habillée trop sexy, il se retournera peut-être pour la regarder mais ne voudra pas aller plus loin que dans son lit: trop menaçante!

Chargé de compte de son propre cœur, mine de rien, on pose à l'autre des questions sur le quartier qu'il habite. A-t-il un condo, une maison? S'il vit encore chez ses parents à 32 ans, est-il un éternel étudiant encore incertain de pouvoir affronter le marché du travail même s'il a déjà deux doctorats en poche?

A-t-il fait faillite et a-t-il dû revenir chez papa-maman? Ou encore est-il tellement dorloté par sa mère, si bien nourri, blanchi, logé (et pour trois fois rien!) que s'il consent un jour à s'arracher au doux

joug maternel, il exigera peut-être les mêmes soins de sa future...
maman ! Qui aura probablement toujours tort : elle ne fera jamais une aussi bonne sauce à spaghetti que la mère de son homme, même si elle est native de Rome !

Si elle a déjà des enfants, elle ne veut pas en augmenter le nombre, elle veut un amant ! Et surtout, SURTOUT, elle ne veut pas devoir tout enseigner à un homme qui n'a jamais tenu maison !

On fait la conversation donc, devant un verre de bière ou de rouge, et si l'autre en enfile trois en une demi-heure, on sourit mais on se met à réfléchir et on se demande, inquiète ou inquiet, déjà déçue ou déçu : « Est-il ou est-elle alcoolo ? »

Et on se rappelle que lorsqu'il examinait la carte des vins, ses yeux s'étaient arrondis comme ceux d'un enfant dans une confiserie : visiblement, il ne savait à quel... vin se vouer !

On s'intéresse à l'emploi de l'autre, de manière un peu intéressée, il est vrai.

On veut savoir où on s'en va et surtout avec qui on y va.

Si la femme a un bon emploi, qu'elle y est heureuse, l'homme se dira souvent : « Voilà la moitié de son bonheur assuré, je ne serai pas obligé de me farcir ses éternelles complaintes, et en plus, elle ne me tiendra pas responsable de son malheur, ou en tout cas de son malheur professionnel. Si elle est « autonome financièrement » (comme le proclament certaines femmes dans les annonces classées, ou comme l'exigent sans ambages certains hommes !), l'homme sourit : elle participera aux dépenses du ménage !

Si elle est avocate ou médecin ou femme d'affaires fortunée, parfois il grimacera, alors que la femme sourira devant semblable éventualité : l'homme n'est pas toujours sûr de ses moyens – financiers ou autres !

Une femme à succès, ça l'angoisse parfois, ça bouleverse l'ordre (dépassé) de son monde.

La beauté seule, ça pouvait toujours aller, c'était même ce qui l'avait attiré : mais doublée de ce métier, de ce succès, c'est trop pour lui, ça lui coupe littéralement les ailes.

Il ne pourra la contrôler, elle, et c'est la seule manière pour lui de se sentir homme, même peut-être de pouvoir l'être au lit !

Dans le couple, il n'a pas objection à ce que la femme remporte la palme de la beauté, mais celui qui a du succès – aussi limité soit-il – c'est lui ! Comme César, il préfère être premier dans un village que second à Rome.

Dommage, il vient d'éliminer toutes les femmes qui ont le défaut rédhibitoire d'être brillantes et belles, et il y en a tant ! Et pourtant bien souvent elles sont seules, elles ne sont pas populaires avec les hommes. Ce n'est pas *L'Homme révolté* de Camus qui les confine dans ce ghetto paradoxal, c'est l'homme menacé ! Souhaitons qu'il soit en voie d'extinction, car ce sont les femmes qui bientôt se révolteront !

4

POURQUOI FAIT-ON DES COMPROMIS – ET AVEC QUI ?

Même si on a utilisé sa loupe amoureuse, même si ce qu'on a découvert ou soupçonné ne nous plaît pas toujours à 100 %, on fait des compromis.

Personne n'est parfait, après tout.

Et puis, on est amoureux.

Alors on donne à l'autre le bénéfice du doute.

En général, plus la personne nous plaît, plus on accepte de faire des compromis.

Moins on est amoureux et moins on est prêt à en faire, et ce devrait toujours être un baromètre utile des sentiments, de l'autre et de soi, à moins d'être un égocentrique extrême : auquel cas on ne peut jamais aimer un autre que soi.

Si l'autre ne fait jamais de compromis, s'il ne fait rien pour me plaire, c'est peut-être que je ne lui plais pas ou seulement médiocrement.

Si je ne suis pas prêt à en faire pour lui ou seulement à reculons, sans conviction, et souvent après des supplications infinies, c'est peut-être que, sans me l'avouer, je ne suis pas si intéressé, je n'ai pas vraiment un béguin, ou je me suis déjà lassé, je tiens déjà l'autre pour acquis…

C'est peut-être que j'attends sans le dire l'être pour lequel je voudrai faire beaucoup plus de compromis et plus spontanément, sans qu'on me supplie ou que je rechigne.

Alors j'ai un choix à faire.

Je m'arrête ou je continue : stop ou encore ! comme dans la chanson.

Je peux tenter la conversion de l'autre, mais elle est douteuse, rarement complète, rarement durable. Le plus souvent la méthode douce, les prières, les caresses (s'il en reste en notre besace excédée !), les raisonnements aussi logiques que patients ne suffisent pas : il faut la médecine de cheval.

Il faut prendre les grands moyens pour que l'autre se réveille, pour qu'il se rende compte qu'il a entre les mains une perle rare même s'il la traite comme un vulgaire caillou de grand chemin.

Et les grands moyens, le plus souvent, hélas, c'est la menace ultime, c'est dire : « Tu changes ou je pars ! » Et bien souvent, c'est être obligé de le faire, je veux dire de partir, parce que l'autre ne nous prend pas au sérieux, parce que l'autre ne nous a jamais pris au sérieux. Il se réveille alors mais souvent il est trop tard, on est rendu ailleurs.

Pas seulement dans une autre maison, ou un autre quartier mais dans le grand, dans le très lointain « Ailleurs » avec un grand A comme l'Amour avec un grand A que l'autre ne nous a jamais vraiment donné et qui nous aurait suffi, ou presque. Ailleurs, dans une galaxie lointaine, ou peut-être simplement dans les bras complaisants d'un autre.

Et quand c'est la femme qui en est rendue là, ce n'est jamais de très bonnes nouvelles pour son ex. Il tente de se redonner du courage en se disant que la rupture est récente, que rien n'est encore vraiment perdu, mais s'il savait la distance réelle qu'il y a entre son ex et lui, il en aurait des frissons dans le dos, le pauvre amoureux à retardement !

On fait aussi, outre les compromis, des… comment dire ? mensonges amoureux ou stratégiques.

Appelez-les si vous voulez de petites comédies.

Qu'on improvise sans peine, entre deux sourires, entre deux verres de vin.

Pour ne pas déplaire à l'autre.

Pour lui plaire.

On fait semblant.

On fait semblant d'aimer les mêmes choses.

Ça nous donne ce sentiment parfois un peu illusoire mais si réconfortant, si prometteur, d'être *comme* l'autre, d'avoir plein de choses en commun, comme en ont ou devraient en avoir des âmes-sœurs, garantie suprême des amours sans nuages.

Par exemple, vous êtes fou des smoked meat de chez Schwartz's, et quand vous rencontrez une femme, vous lui en parlez avec enthousiasme. C'est un endroit cool, c'est une institution, il y a plein de vedettes américaines et européennes qui se font un devoir d'y aller quand elles sont de passage à Montréal.

Elle dit : « Oui ? Je ne savais pas ! Génial ! On y va ! »

Les dieux de l'amour vous sont favorables, vous devenez un couple mais bientôt vous constatez, non sans un certain étonnement, que madame est en vérité végétarienne. Pas au point d'en faire une maladie, mais elle ne mange de la viande que trois fois par année.

Elle vous a un peu joué la comédie !

Il se peut, il est vrai, qu'elle se « convertisse », qu'elle renonce, avec le temps, à ses habitudes végétariennes, mais il se peut aussi qu'une fois la lune de miel passée, elle prenne en aversion votre manie d'engloutir trois immenses steaks et deux demi-poulets par semaine !

Vous aussi, vous pourrez vous lasser de l'emmener chez Leméac, resto branché s'il en est, comme vous le faisiez au début de votre rencontre, parce que vous n'avez plus l'envie (ni les moyens !) de flamber 100 $ pour un lunch !

Surtout, vous protesterez quand elle laissera le garçon lui faire une recommandation pour du vin au verre, parce qu'il suggère *toujours* les plus chers ! Et pourquoi préfère-t-elle commander un seul verre de vin quand elle finit *toujours* par en prendre quatre ? Avec les deux que vous avez bus, ça aurait fait une bouteille et ça ne vous aurait pas coûté le double !

On fait aussi des compromis qui pourraient s'appeler des renoncements.

Ainsi, si vous aimez follement la danse (alors vous êtes probablement une femme) et que votre partenaire n'aime que les slows, il se peut que vous renonciez à vos leçons de tango, du moins pour un temps.

Au début, il se laissera peut-être entraîner au studio, fera semblant d'aimer, et vous ferez semblant que ce n'est pas grave s'il vous écrase les orteils ou danse comme Mister Bean !

Mais au bout de trois leçons, il vous laissera tomber – ce qu'il a déjà fait dans sa maladresse : le tango argentin, c'est pas évident !

Avec le temps, les compromis changent, prennent un nouveau visage. Parfois aussi on y renonce, on devient intransigeant : on n'est pas loin de tirer sa révérence ou, seul compromis acceptable (pour les enfants, la famille, les questions d'argent !), de vivre comme deux étrangers sous le même toit.

On ne veut plus jouer à l'autruche, nos vieilles habitudes remontent à la surface.

Nos préférences font valoir leurs droits.

Nos idées ne se laissent plus bâillonner.

Non seulement on refuse les compromis, mais on se déballe ses quatre vérités, qui sont d'autant plus surprenantes et choquantes que les comédies du début ont été nombreuses et profondes.

C'est souvent lors de la première vraie mise au point, sérieuse au point que ce sera peut-être la dernière, qu'on se dit les vraies choses, avec toutes les variations que votre couple appelle. Et ça pourrait ressembler à cette palinodie, aussi longue que la fameuse tirade du nez de Cyrano :

« L'opéra italien, je n'ai jamais aimé, ça me donne de l'urticaire ! Les vieux films de Bergman, c'est bon pour les vieux, justement ! Le ski, ça ne me tente plus d'en faire avec toi, tu vas juste dans les pentes de débutants. Ta vinaigrette dont tu es si fier, je ne suis plus capable ! Et le chocolat de chez *Leonidas*, arrête de m'en apporter ! Il faut que je fasse une heure de *step* pour en brûler un ! Ah oui, un dernier détail, deux en fait : les massages, tu peux arrêter de m'en faire, ils sont nuls, pas sincères, pas convaincants, et la manière dont tu me les donnes en regardant ton hockey, ça me fait juste penser à ceux que j'aurais avec un vrai masseur. Et pas la peine de continuer à m'embrasser entre les jambes, je sais que t'aimes pas vraiment ça. Tu faisais juste semblant, au début, pour montrer que tu étais *hot*, un vrai amant romantique ! Mais espère pas que je te rende la politesse maintenant ! Ça va être juste à ta fête. Et en vacances peut-être, si on finit par y aller ! »

Patrick Huard résumait un peu cette situation – et ça lui a valu un grand éclat de rire – quand il a dit dans un spectacle : « Lynda Lemay (la célèbre chanteuse avec qui il a vécu et a eu un enfant), je voulais te dire, tes maudites chansons, je les ai jamais aimées ! »

Même si on est prudent dans les débuts d'une relation parce que, justement, on ne veut pas être obligé de jouer la comédie, de faire trop de compromis ou d'en arriver à de semblables mises au point ou « cris du cœur », on se fait quand même leurrer…

5

NOTRE ESPOIR AMOUREUX
NOUS JOUE DES TOURS

On présume trop souvent de choses qui sont fausses : c'est sans doute l'erreur la plus commune dans les débuts amoureux.

Car l'amour est aveugle ou pire encore, il est de mauvaise foi.

Il ne veut pas voir ce qu'il a pourtant devant les yeux.

Ou pour être moins sévère, il donne la chance au coureur même s'il est… pied bot !

Notre désir d'échapper à la solitude est si fort, notre détresse de célibataire est si inconfortable qu'ils nous aveuglent, au point qu'on se retrouve ensuite tout aussi seul parce que l'autre était trop différent !

Oui, empli de préjugés favorables, de crainte que les bonnes questions nous apportent les mauvaises réponses, on se contente de faire des suppositions, plus roses que les vraies choses.

Et pourtant, ce n'est pas parce que quelqu'un conduit une Jaguar qu'il est un lion de la finance !

Ce n'est pas parce que tel beau jeune homme porte du Armani qu'il roule en carrosse, ce n'est pas parce qu'une femme rit à toutes vos plaisanteries que sa vie est un jardin de roses.

Remarquez, c'est quasi inévitable de se faire leurrer un peu. Je ne dis pas que tout le monde ment, mais presque tout le monde ment… par omission ! Presque personne ne donne un portrait complet de sa petite personne.

D'ailleurs, on n'est pas censé trop parler de soi pour séduire, mieux vaut laisser l'autre parler de lui : c'est sûr de l'intéresser, *dixit* Dale Carnegie dans son livre *Comment se faire des amis* !

Un homme se vante rarement, lors d'un premier rendez-vous, d'avoir traversé trois faillites, deux cures de désintoxication et d'être sur le point de perdre à nouveau sa chemise : il veut trop regarder sous la robe de la femme !

À la première rencontre, une femme avouera rarement qu'elle consulte un psy depuis cinq ans et qu'elle a changé cinq fois d'amant en un an !

Normal.

Humain, trop humain !

Au début de l'amour, chacun tente de se vendre, de vendre sa salade, si insipide soit-elle, de donner de lui une image avantageuse, et il y en a qui ont un grand talent publicitaire.

C'est d'ailleurs pour cette raison qu'il faut faire preuve d'un peu de prudence, tenter de garder autant que faire se peut la tête froide même si le vent de la passion est parfois un irrésistible sirocco – et il y a si longtemps qu'on rêve de chaleur humaine dans son inexplicable et longue solitude !

Je m'empresse de préciser que, parfois, il y a de grandes amours avec des gens qui ont de grands problèmes.

En tant qu'homme, je dois toutefois prévenir les femmes qui ont la fibre « missionnaire » et qui veulent si souvent convertir les hommes, les sauver ou tout au moins les amender, les changer en ce compagnon idéal qu'elles ont entrevu en lui.

Les prévenir que les hommes, pas plus que les femmes d'ailleurs, ne changent pas facilement, surtout après un certain âge.

Vous risquez de perdre votre temps à cette tâche, sans compter que vous y laisserez sans doute, et c'est plus douloureux, des miettes de votre cœur trop romantique.

Bien sûr, si vous carburez aux problèmes, comme une Mercedes au diesel, jetez-vous corps et âme dans cette aventure, mais ne reprochez pas à ce fabricant de malheurs vos déboires à venir. Vous l'avez attiré et accepté dans votre vie.

Ajoutons pourtant, par acquit de conscience, et j'en ai été le témoin étonné, que parfois… les miracles se produisent.

Parfois un être nous métamorphose.

C'est l'être attendu, l'être aussi unique que magique par qui notre destin arrive enfin, après une si longue attente.

L'être qui est notre rose des vents, qui nous replace sur le droit chemin, met fin à nos errances, nous permet de devenir ce que l'on est, le meilleur de ce qu'on pouvait être.

Il nous fallait seulement ce coup de pouce, ce baiser, ce sourire, cette main.

L'amour est une grande médecine, mais parfois hélas le malade n'est pas prêt à la recevoir. Comme disait Racine : « Lorsque le malade aime sa maladie, qu'il a peine à souffrir que l'on y remédie. »

En somme, les miracles existent mais en général il faut que la personne elle-même décide de les accueillir dans sa vie. L'autre peut seulement présenter la coupe : il faut soi-même la boire.

Sans nous métamorphoser, l'autre parfois nous fait tout simplement découvrir des aspects de notre personnalité que nous ignorions. Par exemple, il nous fait partager sa passion pour Paris, le sushi, la marche en montagne ou le golf : on se rend compte qu'on adore et on l'en remercie.

On est ravi, vraiment, on ne joue pas la comédie. L'autre nous a enrichi, et du même coup a enrichi le couple, parce que c'est le fun de faire des activités à deux, hors du lit : ça nous donne envie d'y retourner ! Ça nous aide aussi à comprendre et à appliquer dans notre vie de couple la pensée, le conseil d'Antoine de Saint-Exupéry : « Aimer, ce n'est pas se regarder l'un l'autre, c'est regarder ensemble dans la même direction ! »

Par contre, sur le trottoir, ne regardez surtout pas dans la même direction que votre femme si…

6

POURQUOI LES HOMMES – ET LES FEMMES – REGARDENT LES FEMMES !

… une jolie femme (que votre femme a bien évidemment repérée elle aussi avec son étonnant radar à beauté féminine !) vient dans votre direction !

C'est hyperdangereux, si vous la regardez, surtout en vous y attardant indûment. Ça peut gâcher votre journée ou votre soirée – ça peut vous valoir une pluie de reproches ou une longue bouderie qui, dans le cas de bien des femmes, se traduit souvent par une nuit ou deux sur le divan du salon.

Votre femme seule a le droit de regarder impunément les autres femmes.

D'ailleurs, les femmes ne s'en privent pas. En fait, elles regardent plus les femmes que nous, les hommes.

Elles regardent plus les femmes qu'elles ne regardent les hommes, ce qui ne veut pas dire qu'elles n'aiment pas les hommes et sont lesbiennes pour autant.

Elles les regardent pour jauger la compétition, pour voir si elles sont des rivales possibles et quel rang elles occupent sur le marché de la séduction.

Mais quelle est la véritable raison de cet intérêt, de cette fascination quasi universelle ?

Voilà ce que je crois sincèrement : les femmes sont les… VÉRITABLES DÉPOSITAIRES DE LA BEAUTÉ DU MONDE !

Les femmes sont le sel de la vie, la poésie de l'existence.

Leur beauté est la générosité qui souvent nous permet de continuer à vivre, nous redonne espoir, fait en quelque sorte le contrepoids aux laideurs du monde.

Je sais qu'il y a Brad Pitt, qu'il y a eu Marlon Brando et Valentino, mais en comparaison de la plupart des femmes, la plupart des hommes sont des crapauds !

Non seulement les femmes sont-elles les dépositaires de la beauté du monde, mais elles sont aussi les responsables de la civilisation, ce n'est même pas une exagération.

Sans leur réserve, sans leur pudeur, sans leur fidélité amoureuse qui reste plus grande que celle des hommes malgré leur émancipation, tout le monde passerait son temps à coucher avec tout le monde, et il n'y aurait rien : le monde entier serait un immense bordel, je veux dire plus grand qu'il ne l'est déjà !

Conseil aux hommes : à un premier rendez-vous, abstenez-vous, Messieurs, de regarder les autres femmes ! C'est un manque de respect, et c'est stupide parce que ça ne montre pas un grand intérêt pour celle qui se trouve devant vous et qui aimerait croire que vous n'avez d'yeux que pour elle !

Une autre précision.

Pour en avoir parlé à plusieurs femmes, avant et pendant la composition de cet ouvrage, quand leur mec jette un regard (*a fortiori* insistant) vers les autres femmes, surtout en leur présence bien sûr, cela les irrite.

Plusieurs m'ont confié : « Comment réagiriez-vous, Messieurs, si, en votre présence, nous passions notre temps à dévisager les autres hommes, par exemple vos collègues, plus beaux et plus jeunes que vous, ou votre patron, plus puissant et plus riche ?

Si, dans la rue, nous nous rincions constamment l'œil avec des plus musclés et plus sexy, sans bedaine de bière, et avec tous leurs cheveux ?

Oui, si nous les détaillions de la tête aux pieds comme vous faites avec les femmes, vous vous sentiriez moins triomphants, moins *kings,* moins irrésistibles en effet ! Et ne seriez-vous pas outrés que votre "possession" fasse ainsi preuve de manque de "soumission", que son admiration soit dirigée vers une autre personne que son seigneur et maître ?

Ne vous sentiriez-vous pas déstabilisés, menacés et ridiculisés, les petits cocos ? Car les autres hommes penseraient que votre femme est flirt, que pire encore elle est facile à avoir ou mal baisée et qu'elle cherche ailleurs. Qu'elle est à prendre parce que vous la prenez mal (mortifiant, non ?) ou ne la prenez plus et que vous êtes une quantité négligeable dans sa vie, si négligeable en fait qu'elle n'hésite pas à afficher sa disponibilité en faisant du lèche-vitrine ! »

À la vérité, chacun des regards de l'homme vers une autre femme est un peu comme un coup de couteau dans son estime, et une menace pour son couple. Double camouflet, en somme.

On pourrait aussi dégager cette loi psychologique qui est une sorte de corollaire de l'observation précédente : l'irritation d'une femme au sujet du « voyeurisme » de son mec est inversement proportionnelle à la satisfaction érotique qu'il lui procure.

Dit autrement : plus il la comble au lit, moins elle se formalise de ses regards vers les autres femmes. Une femme bien baisée est moins inquiète. Son mec peut bien regarder toutes les autres femmes, elle se dit : « C'est quand même à moi qu'il fait l'amour comme un fou aussi souvent que je veux et même plus ! Les autres n'ont qu'à attendre leur tour ! »

7

ON COMMENCE PAR LE SEXE, ON FINIT PAR L'ARGENT !

La plupart des couples, c'est connu, se disputent davantage au sujet de l'argent que du sexe.

Et leur richesse – ou leur pauvreté – n'a rien à voir avec cette réalité.

Ainsi, Aristote Onassis, un des hommes les plus riches de son époque, trouvait Jackie Kennedy extravagante dans ses dépenses, dit-on, et elle le trouvait pingre. Ce qui sans doute avait été un sujet d'étonnement pour elle après son mariage car, soupçonnée d'être vénale dans ses sentiments, elle se défendait non sans esprit en affirmant trouver son mari beau comme… Crésus !

Comme le célèbre armateur grec avait poussé la mesquinerie jusqu'à ne lui consentir que 30 000 $ d'argent de poche par mois (l'équivalent de 300 000 $ aujourd'hui car à la fin des années 1960 le salaire moyen était de 500 $ par mois !), la pauvre veuve de Kennedy en était réduite à brader à des marchands complaisants les fourrures et les bijoux qu'il lui avait offerts en cadeaux ! Ainsi elle achetait dix manteaux, qu'elle faisait porter au compte de son mari, et le lendemain, elle en retournait neuf et se faisait rembourser en argent comptant !

Pour bien des couples, donc, l'argent est souvent une sorte de cheval de Troie.

Il s'introduit dans la citadelle amoureuse et la détruit, ou en tout cas y cause un grand tumulte. Si on n'y prend garde, il fait des ravages irréparables : pas de prisonniers, juste des cadavres, et pas toujours exquis !

Dans les débuts, bien sûr, l'argent pointe rarement son horrible nez. Il ne montre que son masque le plus beau, souvent trompeur parce qu'il a été acheté à crédit et il sert surtout à « financer » la conquête, les premiers ravissements.

Mais les lendemains de fête arrivent tôt : tout ce qui brille n'est pas or, et on le découvre en général le jour où l'on décide de vivre ensemble, car il faut alors mettre cartes sur table.

Il faut finir par mentionner combien on gagne, ce qui n'est pas facile, parce que l'argent, c'est tabou.

Pourquoi ? Dans notre société hypermatérialiste, l'identité se définit-elle par ce qu'on gagne ? Avouer ses émoluments, l'état de sa fortune ou de ses dettes, est-ce se livrer à l'ultime dévoilement de son être ? Cela provoque-t-il en nous toutes les réserves, toutes les pudeurs ? On dirait que ça nous gêne davantage que de révéler tel goût pervers.

Une fois avoué, comme une faute ou un grand secret, ce qu'on possède ou ne possède pas (et il peut y avoir autant de pudeur chez les nantis que chez les moins nantis), il faut établir qui paiera quoi, dans quelle proportion, et pour quelle raison.

On découvre quel est le rapport à l'argent de l'autre et on a parfois des surprises considérables.

Est-il un anxieux pour qui toute dépense demande des réflexions infinies et est-il si économe que c'en est déprimant à la fin ?

Ne faut-il pas profiter de la vie et voyager avant d'être en fauteuil roulant, erreur que font tant de gens qui diffèrent jusqu'à la retraite des plaisirs qu'ils ne pourront plus goûter ?

Bon, d'accord, vous comprenez, son père a fait trois fois faillite, et lui aussi d'ailleurs mais quand même, on n'emporte pas ses millions avec soi, ce sont les enfants qui, trop souvent, les dilapideront car ils n'auront pas sué pour les gagner !

Est-il un grand dépensier, qui n'arrive jamais à mettre un sou de côté, qui ne vit vraiment, qui ne vibre vraiment que lorsqu'il consomme ? Une fois fauché, il angoisse, et ça vous angoisse vous aussi.

Est-il du type contrôlant, qui passe au peigne fin chaque dépense ? Les siennes, passe toujours, mais les vôtres, c'est agaçant à la fin, à telle enseigne que vous devez, par-devers vous, devenir non pas hypocrite mais disons, flou, discret, vous offrir des petits plaisirs (qui parfois sont grands) en cachette, prétendre que vous avez reçu tel truc en cadeau, que vous l'avez payé le tiers de ce qu'il valait vraiment, et que vos amis ont payé pour le homard dont vous les avez régalés pour telle fête à laquelle votre conjoint n'a pu participer ?

Il y a si peu de gens qui ont un rapport équilibré à l'argent, c'est pour ça que nombre de gens croulent sous les dettes, font faillite, ou boivent ou s'assomment de tranquillisants de toutes sortes, quand ils ne tombent pas carrément malades.

Alors qu'on croyait que l'amour dicterait toutes les décisions, réglerait tous les différends, que tout irait de soi en somme puisqu'on venait de faire l'amour comme des malades pendant trois mois, on se rend compte que presque tout doit être négocié, revendiqué, acquis de haute lutte.

Ça peut devenir épuisant à la longue, déroutant, et parfois ruineux, surtout pour les femmes qui, par nature, sont plus généreuses que les hommes, même s'il y a des exceptions, bien sûr.

Chacun hérite de son rôle, mais n'en est pas toujours heureux. La femme rêvait de démocratie amoureuse (on est au 21ᵉ siècle ou quoi?), mais découvre qu'elle vit sous une dictature à deux : il a les sous, il décide tout, point à la ligne.

La délicatesse de sentiments repassera.

Monsieur ne le dit pas, bien sûr, mais tous ses gestes, toutes ses décisions (même celles qui *la* concernent, elle) en font foi, le proclament.

Il peut être d'une élégance parfaite au resto (ne protestant jamais pour prendre l'addition), mais la femme le trouve radin de lui faire payer la moitié de toutes les dépenses communes dès qu'ils se mettent à vivre ensemble, d'autant qu'il ne se gêne pas pour acheter des grands crus qu'elle n'aurait jamais osé s'offrir avant sa rencontre.

Puis ça l'agace parfois qu'il fasse des remarques sur ses robes qu'il trouve un peu bon marché : elle n'a pas les moyens de s'acheter comme lui des chemises à 250 $ et des pantalons italiens 100 % laine qui lui donnent un look d'acteur ! Ne pourrait-il pas lui donner un petit coup de pouce pour subventionner sa garde-robe de misérable même si au départ il a été entendu que chacun paierait pour ses fringues ?

Elle s'en ouvre à sa meilleure amie, célibataire depuis cinq ans (malgré elle, faut-il spécifier) qui lui dit : « De quoi tu te plains ? Tu as frappé le gros lot ! Il a du fric, pas d'enfants et il est beau comme un dieu, et en plus il a accepté de vivre avec toi ! »

— C'est vrai, admet-elle ironiquement, j'oubliais que, moi, je suis la sœur de Quasimodo, je roule juste en Audi et, en cinq ans, il n'y a que trois hommes qui m'ont proposé la vie à deux. Je devrais me la fermer ! Excuse-moi de t'avoir demandé ça, je devais en avoir fumé du bon !

Ou encore, la femme rencontre un homme qui a déjà une jolie maison.

Elle vit dans un petit condo sympa mais loué. Il lui propose de venir vivre avec lui. « C'est idiot de jeter son argent à l'eau en payant un loyer ! », lui explique-t-il. Elle abonde dans son sens et le trouve d'ailleurs sympa de ne pas s'intéresser seulement à ses fesses mais à son avenir financier aussi.

Elle quitte son petit condo, et une fois qu'elle s'installe avec son jules, il lui explique devant un bon verre de bordeaux qu'il leur faudrait convenir d'un arrangement financier. Elle n'aura qu'à payer pour la nourriture, l'électricité et les petites dépenses du ménage, lui s'occupera de… tout le reste ! Elle n'aura pas le stress de se taper l'hypothèque, les taxes, les assurances de la maison.

Elle acquiesce. Après réflexion, elle lui avoue qu'elle n'est pas sûre de comprendre. Elle n'est peut-être pas Warren Buffet ou Donald Trump, mais elle se demande pourquoi il lui a représenté avec tant d'insistance que c'était idiot de jeter son argent par les fenêtres en payant un loyer.

Elle croyait faire un investissement en s'installant chez lui : amoureux *et* immobilier. « Mais oui, bien sûr, ma chérie, j'appelle mon notaire aujourd'hui même, on va régulariser la situation. » Cependant, il n'en fait rien.

Ça la chicote, elle ne veut pas avoir l'air obsédée par l'argent, trop mercantile, pas assez amoureuse, mais elle le questionne enfin : « Il est pour quand, le rendez-vous chez le notaire ? »

Il lui explique alors, embarrassé, que son notaire lui a rappelé qu'il avait une marge de crédit personnelle « appuyée » sur sa maison et qu'elle était *maxée* à 200 000 $. En acceptant de mettre son nom sur l'acte notarié, elle se tient responsable des 200 000 $ de la marge. Et il ne se sent pas à l'aise de lui imposer ce risque financier !

Elle est déçue, mais elle comprend, « défaut » bien féminin en semblables situations ! Pour peu, elle le trouverait délicat.

Elle sonde pourtant son regard, pour savoir s'il dit vrai ou s'il la manipule, comme son ex, docteur *honoris causa* en cette déplorable discipline.

Mais la diversion qu'il propose à ses soupçons est irrésistible : « La bonne nouvelle, annonce-t-il, est que je viens d'acheter deux billets pour Cancun ! » Elle lui saute au cou : ça fait deux mois qu'elle lui en parle !

Cinq ans plus tard, lorsqu'ils se séparent, elle se rend compte qu'elle n'a rien, et de surcroît elle a payé pour la nourriture, l'électricité et les petites dépenses du ménage qui n'étaient pas si petites, tout compte fait…

En somme, même si elle a vécu dans une jolie maison, elle a surtout fait vivre son copain, qui a cinq années de plus de payées sur sa maison, qui en outre vaut peut-être 75 000 $ de plus, l'inflation aidant.

Pas un mauvais *deal*… pour l'homme !

Il aurait fallu, pour la femme, faire comme lorsqu'on se marie et, au lieu d'établir la valeur du patrimoine familial, établir la valeur de la maison au moment de l'union, payer à deux les dépenses et ensuite, au moment de la vente (ou de la séparation), diviser en deux la plus-value de la maison, s'il y en a une.

Bon, ce sont un peu des histoires d'horreur, je sais, et il n'y a pas que ça, bien sûr.

Il n'y a pas que des femmes lésées et des hommes sans scrupules.

Il y a plein d'hommes qui ont été des maris, des pères admirables, qui se sont dévoués pour leur femme, leurs enfants, et qui parfois y ont laissé leur santé et leur vie.

Et il y a plein de couples qui arrivent à des ententes fort viables, plutôt lucratives même.

Plusieurs couples dotés d'intelligence émotionnelle *et* financière, qui ont un rapport non pas parfaitement équilibré à l'argent (ça n'existe pas) mais disons assez équilibré, ont non seulement un *modus vivendi* agréable mais la combinaison de leurs efforts conjoints les enrichit à une vitesse bien plus grande que la somme de leurs efforts individuels ne le leur aurait permis.

Dans les prochaines pages, je vais, entre autres, tenter de voir avec vous comment il se fait que ce qui avait débuté par des cris d'extase se termine souvent par des cris de rage, dès qu'on se met en ménage, et comment on peut l'éviter.

Trop souvent, en effet, on commence par le sexe et on finit par l'argent.

Voilà la boutade que laissa tomber un jour une de mes sœurs, alors que nous parlions des démêlés plutôt houleux d'un couple en instance de divorce. Ils se disputaient bec et ongles pour chaque dollar, chaque meuble, affirmaient tous les deux avoir investi plus que l'autre, ce qui est mathématiquement impossible bien sûr, mais le dépit amoureux s'accommode bien de ces illogismes, c'est même son pain quotidien.

On se venge de l'abandon de l'autre, ou de l'échec de son couple, en tentant d'obtenir la compensation maximale comme lorsqu'on est remercié de son emploi!

« Tu ne veux plus de moi, mon sexe ne t'inspire plus de cantiques, seulement des critiques, seulement des risées, ou pire encore de la morne indifférence, alors paie! La désertion a un prix, et tu vas le découvrir! Tu veux m'oublier, et tu m'as peut-être déjà oubliée, naïvement drogué par l'opium d'autres bras, soit. Tu te souviendras de la facture de la rupture! »

Oui, ce couple en débâcle malgré des années de bonheur se battait même pour un vieux grille-pain qui ne pouvait plus faire qu'un toast à la fois et que le vainqueur jettera probablement à la poubelle de toute manière car c'est tout compte fait un mauvais souvenir de temps plus heureux.

On commence par le sexe, on finit par l'argent!

Pourquoi ?

Comment ?

Peut-on éviter ce naufrage ?

Je dis oui.

Même si, il me semble, on ne gagne presque jamais totalement ni définitivement la partie avec l'argent.

Ça rappelle un peu ce que disait John Paul Getty, milliardaire notoire : « Si vous êtes riche, vous ne pouvez jamais avoir raison au restaurant : si vous laissez un pourboire normal, on vous accuse d'être chiche, si vous laissez un pourboire généreux, on vous accuse de vouloir épater la galerie. »

Mais peut-être voyons-nous tout à l'envers, peut-être prenons-nous la cause pour l'effet et l'effet pour la cause. Ça ne serait pas la première fois, non ?

8

PROBLÈMES D'ARGENT OU DE SEXE ?

Les problèmes d'argent prennent-ils le dessus parce que le sexe est sorti de la chambre à coucher ?

Ou le sexe sort-il de la chambre à coucher à cause des problèmes d'argent ?

Les couples se disputent-ils au sujet de l'argent parce qu'ils veulent se cacher la terrible vérité que le sexe n'a plus une grande place dans leur vie (du moins entre eux, dois-je préciser, car ils portent peut-être les trop lourdes chaînes du mariage avec d'autres, ça s'est déjà vu) ?

Ça ressemble au problème de la poule et de l'œuf !

Sont-ce les soucis d'argent qui ont tout miné, même les plus beaux rêves, même les promesses les plus passionnées et les plus sincères, comme on le croit spontanément ? Ou bien ces problèmes, prosaïques s'il en est, ont-ils été le commode refuge de cette terrible angoisse entre deux êtres qui parfois s'aiment encore, qui en tout cas ont encore des sentiments l'un pour l'autre mais hélas ne se désirent plus ?

L'argent et le sexe sont si intimement, si curieusement liés dans notre psyché !

Par exemple, la femme dit ou pense, au début :

« S'il m'aime vraiment, il devrait investir un peu dans notre relation, flamber un peu d'argent pour moi, au moins payer le resto, je suis féministe, certes, je gagne des sous, peut-être autant sinon plus que lui, mais à ce chapitre, je suis vieux jeu. S'il ne débourse pas, c'est qu'il est pingre ou fauché (j'ai déjà donné avec mon ex !), ou son désir pour moi est tiède, et comme ce sont nos débuts et que ça devrait être le feu d'artifice, ça sera quoi dans trois ans ! »

Plus tard, engagée dans une relation, la femme se dira, si elle se sent négligée : « Tu ne me désires plus, tu ne veux plus me baiser, alors tu vas payer, c'est moi qui vais te baiser ! »

Ou sans aller jusqu'à cet extrême, elle pensera ou dira : « D'accord, tu travailles comme un fou, tu es surmené et ça t'enlève tout goût ou toute énergie pour faire l'amour, mais je veux une compensation : tu vas m'acheter tel bijou ou tel truc pour me prouver que tu m'aimes encore ! »

Et sans se l'avouer ou le formuler clairement, elle pense : « Tes cadeaux deviendront les caresses que tu ne me donnes plus et dont le manque me fait tant souffrir, si tu savais, j'en fais une maladie ! Mon arthrite, c'est de tendresse qu'elle guérirait, pas d'ordonnances : c'est pas le médecin, même bardé de diplômes, que j'aimerais voir m'examiner le corps, c'est toi ! La caresse de tes mains, de tes yeux, me serait une bien meilleure médecine ! »

Ou encore : « Le sexe a déserté notre chambre à coucher, alors laisse-moi "prendre mon pied" en rénovant la cuisine ou en changeant le mobilier du salon ! J'ai besoin de quelque chose de tangible, que je peux toucher du doigt : ça va coûter juste 25 000 $, j'ai fait mes calculs ! Tu ne me fais plus l'amour, d'accord, mais si tu m'aimes encore comme tu le dis, s'il n'y a personne d'autre dans ta vie, comme tu me le jures, alors déménageons, achetons une plus grande maison et je croirai que nous avons encore un avenir même si tu ne me touches plus ! »

Ou encore l'homme pensera ou dira : « Tu ne veux plus faire l'amour, tu as perdu goût à la chose, tu me mets au régime sec, peu importe la raison, ennui ou enfants, tu veux juste être une mère, ou une amie plus une amante, alors oublie les innombrables cadeaux du début, les vacances dans les grands hôtels ! On passe au régime sec ! C'est le salaire minimum des sentiments ! » Et pour ne pas passer pour le *bad guy*, de crainte de subir des représailles s'il dit la triste vérité de sa dérobade, il s'inventera des dépenses imprévues, le mauvais rendement de ses placements en Bourse, la récession qui pointe son horrible nez à l'horizon !

Ou encore l'homme découvrira, horrifié, que depuis deux ans sa femme s'envoie en l'air avec un « moins que rien », un pompier, alors que lui est avocat, quelle humiliation ! Un pompier qui n'est même pas beau, il a vu sa photo dans son sac à main, mais elle lui avoue en pleurant qu'il la fait rire et surtout la fait se sentir femme. Deux fois par semaine. Alors que lui, son mari, est toujours en meeting et ne prend même pas ses appels comme il le faisait au début, même avec son plus gros client.

Deux fois par semaine, oui, dans un hôtel borgne ou un motel de troisième ordre qui pourtant est pour elle comme le Ritz, car son amant lui offre toujours un deuxième service et comme elle est à la diète depuis des lunes, elle ne dit jamais non, elle a des caresses à rattraper, elle peut se permettre des gourmandises. L'amour, surtout retrouvé plus tard dans la vie, surtout quand on ne l'attendait plus, est encore plus aveugle qu'au début.

En tout cas, elle peut vous certifier, la nouvellement comblée, que l'amour ne voit pas les vieux couvre-pieds des chambres bon marché, ni les meubles démodés car elle voit juste le désir fou de son amant et l'éclat de son regard quand elle se déshabille devant lui.

C'est si bon que sa seule nudité suffise à l'exciter, lui, si peu instruit mais si savant dans l'art de la dérider, c'en est troublant !

Pas besoin de déshabillés aussi coûteux qu'inutiles, et à la fin, de films pornos qu'elle faisait semblant d'aimer pour plaire à son mari et lui redonner quelque raideur. Elle pleurait ensuite dans son oreiller, raideur ou pas, car celle-ci était fausse de toute façon, puisqu'elle venait d'une autre, de plusieurs autres à la vérité : ce qu'ils peuvent entasser de comédiens pornos dans une chambre grande comme votre main !

Pas besoin d'être une grande psychologue pour voir la différence entre être la femme follement aimée et être le commode déversoir des fantasmes par d'autres engendrés !

Son mari trompé ne comprend pas, il est outré. Il pense, objet de la commisération de ses amis, de ses parents : « Je lui donnais tout, la sécurité, une maison ! »

Il lui donnait tout, c'est vrai.

Sauf ce qu'elle voulait vraiment.

Petite erreur de jugement.

Ou commode mensonge qui sert à justifier son exil de l'autre, son ennui...

L'argent et le sexe...

Si intimement liés.

Parfois mystérieusement.

Parfois de manière bien simple, bien évidente...

Pas difficile de comprendre, par exemple, que les soucis d'argent sont rarement aphrodisiaques.

Si on est constamment aux abois financièrement, si on se dispute jour après jour au sujet de l'hypothèque, des réparations de la voiture, des comptes de cartes de crédit impayés, ce n'est pas très romantique. Si ça peut parfois rapprocher les couples qui doivent se battre ensemble pour s'en sortir, ça use à la longue. Ça ne permet guère de se constituer une banque de souvenirs très sympathiques, dans laquelle on pourra puiser dans les moments difficiles.

Il faut donc s'occuper des questions d'argent le plus tôt possible car c'est un peu comme si votre silencieux était défectueux : il ne se réparera pas *comme par magie* avec le temps, même si vous êtes un grand adepte de la pensée positive. Vous *devez* faire quelque chose : vous devez simplement confier votre voiture à un garagiste !

À mon avis, les problèmes d'argent commencent tôt dans un couple, tout simplement parce que, en vérité, ils minent *déjà* l'un ou l'autre des membres du couple, et bien souvent les deux… *avant* la rencontre !

Et comme le couple n'est pas, mais alors là pas du tout, une panacée, les problèmes d'argent non seulement demeurent mais agissent aussi comme de l'huile sur les feux qui ne tardent pas à naître entre deux êtres, si amoureux soient-ils.

Bien sûr, il y a des ennuis, des chagrins et des déceptions qu'on pourrait éviter en faisant preuve d'un peu de clairvoyance au meilleur moment : c'est-à-dire *avant* que ne débute la relation…

Vous devriez aussi vous demander, il me semble, combien votre partenaire devrait gagner pour que vous soyez heureux, ou en tout cas que vous ayez une chance de bonheur avec lui.

9

COMBIEN DOIT GAGNER VOTRE PARTENAIRE ?

De même que plusieurs couples sont irrités ou jaloux que leurs voisins possèdent une maison ou une voiture un peu mieux que la leur, il y a beaucoup d'hommes qui ne supportent pas que leur femme réussisse mieux qu'eux financièrement.

Cette tendance est si forte en eux que, dès le départ, ils écarteront toute candidate qui a de meilleurs revenus.

C'est simplement trop menaçant.

Ce complexe crée d'ailleurs un problème à de plus en plus de femmes magnifiques qui ne parviennent pas à se trouver un compagnon, je veux dire un homme prêt à s'engager. Et ce célibat forcé leur pèse d'autant plus qu'elles sont séduisantes, qu'elles ont tout pour être heureuses à deux.

Quoi ? Doivent-elles mentir au sujet de leurs sous pour que monsieur veuille voir leurs dessous ?

Et surtout qu'il veuille aller plus loin que quelques parties de jambes en l'air ?

Doivent-elles s'amoindrir ou freiner elles-mêmes leur succès ou le gommer, pour intéresser tous ces hommes qui n'ont pas encore compris que les femmes sont sur le marché du travail pour y rester ? Leur ayant damé le pion à l'université (et même dans des facultés aussi « masculines » que le génie), ces femmes le leur dameront (le mot le dit !) de plus en plus régulièrement sur le marché du travail, dès que seront dissipés les vieux préjugés.

Autre crainte commune de bien des hommes, qui dessert les femmes à succès : sortir avec une femme qui gagne plus – et plus l'écart est grand plus le danger l'est ! –, c'est risquer de passer pour un gigolo, pire encore un raté. De toute manière, elle doit porter les culottes ! L'argent est le nerf de la guerre !

Jeune, je suis parfois sorti avec des femmes qui gagnaient plus que moi. Ça ne m'embêtait pas, d'autant que, étant de la vieille école, c'est quand même moi qui payais au restaurant.

À ce sujet, J., la fille de 20 ans de D., m'a expliqué comment ça fonctionne avec les jeunes gens de sa génération. Si elle fait seulement *dater* (elle est anglophone, *sorry*) un mec – et ça implique aussi de coucher avec lui –, les deux payent leur part au resto. Si elle « sort » avec lui, et que donc c'est plus sérieux et exclusif, c'est le type qui paie.

Je me crois libéral, je me crois plein d'assurance, mais je ne sais pas comment je me sentirais ni comment je réagirais si je sortais avec, disons, Julia Roberts, qui est infiniment plus célèbre que moi et gagne 30 millions par année.

Lorsque je sortais avec H., avec qui du reste j'ai vécu et acheté ma première maison, comme elle avait un très bon emploi, elle me proposa un jour de quitter le mien pour me donner la liberté d'écrire à temps plein. « Je vais gagner l'argent jusqu'à ce que ça marche. » Je travaillais à l'époque comme conseiller littéraire et je gagnais convenablement ma vie mais trouvais de plus en plus difficile de concilier mes deux métiers.

La proposition me toucha, comme une preuve d'amour bien entendu, et un vote de confiance en mon talent littéraire, pourtant je la refusai. Je craignais peut-être de perdre mon indépendance, d'être à la merci de ma compagne ou de voir nos revenus diminuer de façon trop draconienne.

Moins anticonformiste que je m'en targuais, je redoutais peut-être la réaction de mes parents et pire encore, celle des siens : je deviendrais un homme « entretenu », artiste ou pas.

Si au début la femme gagne moins que l'homme et que, tout à coup, elle se met à réussir financièrement, souvent il en prendra ombrage, ou même fera tout en son (misérable) pouvoir pour la stopper.

Et s'il n'y parvient pas, il la punira de cet « affront », de cette « faute » impardonnable en la quittant ou en la trompant avec une femme souvent beaucoup moins bien qu'elle mais qu'il dominera de son vulgaire petit pouvoir financier. Un homme libéral et sûr de lui ne prendra pas ombrage du succès de sa femme : il l'aidera à l'obtenir et s'en réjouira sincèrement.

C'est cela l'amour, le vrai, le bel amour, pas de petites jalousies, de petits pièges, de petites intrigues ou plus carrément une entreprise systématique de sape du progrès de l'autre.

L'ennui, c'est que les problèmes ou les discussions au sujet de l'argent dans un couple cachent souvent une lutte plus profonde : celle pour le pouvoir.

Et avec leur émancipation, due en bonne partie à leur brillante entrée sur le marché du travail et l'invention de la pilule, les femmes ont et auront de plus en plus de pouvoir. Et elles ne voudront pas l'abandonner aux hommes comme elles l'ont fait depuis des siècles. Que ceux qui, navrants passéistes, ne l'acceptent pas changent de siècle – ou de sexe !

Comme elle se fera de plus en plus à armes égales, cette lutte risque d'être de plus en plus féroce ou en tout cas intéressante.

Elle n'est pas nouvelle, du reste.

J'ai trouvé dans un livre très ancien, *L'Amour vraiment conjugal*, écrit en latin en 1768 (!) par Emmanuel Swedenborg, auteur mystique, un passage fort intéressant sur la lutte de pouvoir dans un couple. La langue en a un peu vieilli, mais je suis sûr que vous comprendrez. L'auteur qui, dit-on, parlait aux anges et visitait fréquemment l'au-delà sur le chariot de son âme, établit comme troisième cause de froideur dans un couple (la première étant des natures trop dissemblables, la seconde la confusion entre l'amour physique et le vrai amour) cette lutte des volontés entre les époux, où même le gagnant perd. Cédons-lui la plume : « La troisième des causes externes [de froideur] est la rivalité de la prééminence entre les époux. Il en est ainsi, parce que l'union des volontés, et par suite la liberté d'accord sont indispensables à l'amour conjugal. Elles sont chassées du mariage par la rivalité de prééminence ou de commandement, qui divise et partage les volontés, et change en servitude la liberté d'accord. Tant que dure cette rivalité, ils méditent des violences l'un contre l'autre ; s'ils étaient alors examinés spirituellement, ils apparaîtraient alors comme des antagonistes combattant avec des poignards, se regardant avec haine quand ils sont dans la violence de la rivalité, et d'un œil favorable quand ils ont espoir de dominer... [...] Après la victoire de l'un d'eux, cet antagonisme s'éloigne des externes et se retire dans les internes du mental où il reste caché avec son inquiétude. La froideur alors s'installe chez les deux époux, aussi bien chez le subjugué que chez le victorieux, parce qu'il n'y a plus d'amour conjugal et que la privation de cet amour est la froideur. »

Spectacle désolant dont on a trop d'exemples dans nos vies.

Les rôles, c'est-à-dire la répartition du pouvoir dans un couple (le dominé et le dominant), sont établis assez rapidement, parfois à la première rencontre, parfois même *avant* la première rencontre, parce qu'il y a plusieurs hommes qui, comme je l'ai mentionné précédemment, qu'ils l'avouent ou pas, ne supportent pas l'idée que leur compagne gagne plus qu'eux et en conséquence éliminent d'entrée de jeu toutes celles qui sont affligées de ce « défaut » rédhibitoire, qu'ils fuient telle une cicatrice au visage ou une maladie vénérienne.

Cela dit, il y a beaucoup de femmes qui n'acceptent pas de sortir avec un homme qui gagne moins qu'elles.

Un «vrai» homme doit gagner plus, dans leur livre amoureux.

Comme si l'homme restait celui qui doit assurer la sécurité…

Comme si une femme avait une difficulté profonde, presque un empêchement viscéral à éprouver de la fierté (dont la mesure est souvent la mesure de l'amour!) pour un homme qui gagne moins qu'elle, comme s'il lui était *ipso facto* inférieur alors qu'elle recherche un peu paradoxalement l'égalité, la prône même sur toutes les tribunes!

Mais d'autres femmes, plus rares il est vrai, pensent… exactement le contraire!

Elles ne tolèrent pas la supériorité économique de leur mec et leur succès les tue.

Je connais un couple qui est ensemble depuis plus de 30 ans, et semble heureux. Lui est peintre mais n'a jamais pu vivre de son art, vendant rarement des toiles, sans qu'on sache s'il est un Van Gogh moderne (le génial artiste ne vend que quelques toiles de son vivant, et encore, à son frère Théo!) ou simplement un de ces êtres chez qui l'ambition excède le talent.

C'est sa femme qui le fait vivre. Complètement. La plupart des gens, hommes et femmes confondus, le considèrent (ouvertement ou pas) comme un perdant, au mieux un raté sympathique, en tout cas un parasite entretenu par sa femme.

Et pourtant, inversez les rôles: si c'était une femme artiste qui se faisait vivre par son mec, qui le laissait subventionner son talent – ou son absence de talent! –, personne ne pousserait les hauts cris, surtout si elle est jolie, et ses amies se contenteraient de l'envier d'avoir trouvé un mécène si sympathique!

On n'est jamais de simples êtres humains, on demeure toujours des êtres sexués, soumis, malgré notre «intelligence», aux préjugés de notre époque, de notre société.

Non pas *ecce homo* (voici l'homme) mais voici… le rôle de l'homme, voici le rôle de la femme !

Tous ceux qui s'écartent de ces lois sont montrés du doigt.

J'eus un soir une conversation avec cette femme mariée depuis 35 ans à son peintre, et elle m'avoua que, jeune, elle avait énormément souffert de voir sa mère vivre en état de dépendance financière vis-à-vis de son père. Elle s'était juré de tout faire pour ne jamais se retrouver en semblable prison, aussi dorée soit-elle.

Je me contentai de hocher la tête en signe de compréhension, mais je ne pus m'empêcher de penser qu'elle avait opté pour une solution bien extrême, qu'elle aurait tout à fait pu se mettre en ménage avec un homme qui gagnait autant qu'elle, sans pour autant perdre son pouvoir économique. Je ne lui reproche pas son choix : le cœur a ses raisons.

Une amie d'une de mes sœurs ne s'est pas rendue jusqu'à semblable extrémité, mais, de toute sa vie, elle n'a jamais voulu sortir avec un homme qui lui était supérieur économiquement.

Elle gagne bien sa vie et a le don de sortir avec des hommes sans le sou ou qui sont toujours sur le point de faire un gros *deal*, de décrocher l'emploi du siècle ou d'avoir une promotion même s'ils végètent depuis des années au plus bas échelon de leur entreprise.

Ce ne serait pas très grave – à chacun son bonheur, après tout ! – si par ailleurs elle ne se plaignait pas constamment de sortir avec… des fauchés et de devoir payer pour tout, en tout cas plus souvent qu'à son tour ! Quand elle va au restaurant, que son partenaire ne peut pas lui offrir, bien entendu, elle lui remet de l'argent *avant* pour qu'il puisse régler l'addition que, par tradition, on remet toujours à l'homme.

Les stéréotypes sont si puissants !

Regardons-y de plus près : c'est drôle.

Parfois.

10

COMMENT LES STÉRÉOTYPES
« PENSENT » POUR NOUS

Deux hommes qui mangent ensemble le midi, ce sont des hommes d'affaires ou des amis.

Le samedi soir, ce sont des fifis !

Deux femmes qui dansent ensemble (à moins que ce soit un slow et qu'elles soient immobiles, engourdies par le désir, évidemment !), ce sont des femmes célibataires ou qui ont des maris « plates » ou atteints de goutte : elles veulent simplement s'amuser, s'éclater.

Deux hommes qui dansent ensemble, encore des homosexuels : ma foi, ils sont partout !

Un couple est assis au restaurant.

La femme commande un verre de bière, l'homme un chardonnay.

Si c'est un serveur autre que celui qui a pris la commande qui leur sert les consommations, il fera ce que vous avez deviné : il donnera invariablement le vin blanc à la femme et la bière à l'homme. Je le sais, je bois du chardonnay et D. de la bière, rousse tout comme elle.

Il se passe la même chose (je veux dire le navrant triomphe des stéréotypes) pour le petit déjeuner. En couple, commandez une salade de fruits et une « assiette de camionneur » (trois œufs, bacon, pommes frites, fèves au lard!) et, si un autre serveur vous apporte votre repas, vous verrez qui héritera de la diététique salade de fruits! Je le sais aussi par expérience, car travaillant assis, je dois faire des provisions de minceur et je me suis laissé dire que les fruits en contenaient davantage que les œufs au plat et le bacon!

En passant, c'est donc mal fait la vie! Tout ce qui est bon est mauvais! Le stilton, les pâtisseries, les frites! Plaisirs de quelques minutes dont les conséquences nous suivent pendant des jours, sinon des semaines!

Un autre exemple de stéréotypes, plus grave de conséquence, il me semble.

Lorsque je travaillais en édition (c'était en 1980, les choses ont sans doute changé depuis!), ma secrétaire se faisait toujours un plaisir de m'apporter un café le matin.

Mais elle refusa de le faire pour le directeur qui me remplaça car… c'était une directrice!

Pourtant, elle était charmante, pas du tout sur un *power trip*.

« Qu'elle se le fasse elle-même, son café, jeta ma secrétaire, je n'ai pas été engagée pour la servir! »

Dans son esprit, visiblement, elle ne me servait pas, moi.

Parce que j'étais un homme.

Le problème de celle qui prenait ma place était d'être une femme dans un monde d'hommes.

Un monde d'hommes dont les lois en cette instance étaient acceptées, perpétuées, à tort il me semble, par une femme: ma secrétaire.

Ce n'est pas le seul exemple que j'ai (et je suis sûr que vous en avez vous aussi) de femmes qui acceptent mal l'autorité, si elle vient d'une femme, et passeront leur temps à regimber, à casser du sucre sur son dos, à s'attarder à des choses sans importance, qui n'ont rien à voir avec son style de gestion ou ses décisions. Elles questionneront les décolletés qu'elle porte, la longueur de ses jupes : des armes qui, de toute évidence, lui ont valu sa suspecte ascension alors qu'elles se moquent des fringues de leur patron !

Voici un préjugé cousin de celui-là : un homme qui séduit toutes les femmes est un play-boy et on l'admire ; une femme qui s'envoie plein de mecs est une femme facile, au mieux une croqueuse d'hommes et on s'en méfie, surtout si on est une femme et en couple !

Voici d'autres exemples de stéréotypes tenaces – et parfois inconscients, du reste.

Dans un couple, qui prend le volant en général ?

C'est l'homme, à moins qu'il ne soit vieux et gâteux. Encore là, il ne cédera le volant à sa femme qu'avec réticence en pensant qu'il met sa vie en danger, alors qu'il ne voit pas plus loin que le bout de son nez et qu'on lui a retiré son permis parce qu'il avait eu cinq accidents en trois mois !

J'en ai constamment la confirmation. Chaque fois que je peux et que le cœur lui en dit, je laisse D. conduire. Ainsi, je m'évite commodément tout commentaire désagréable (et justifié) de D. sur ma conduite qui, je l'avoue, est parfois peu orthodoxe ou carrément douteuse, même si, de toute ma vie (je touche du bois !), je n'ai jamais eu d'accident.

Mon triple secret est simple : je respecte les limites de vitesse, je ne bois pas et je ne suis pas agressif au volant, ne prenant jamais personnellement les inélégances ou les idioties des autres conducteurs.

Je ne tente pas de dépasser à mon tour celui ou celle qui vient de me doubler, je contrôle mon envie de faire comme les chiens et d'uriner sur son urine.

Me laissant conduire comme un taoïste ou un mari démocrate, j'en profite pour lire, pour contempler le mouvement magique des nuages ou jongler en toute liberté avec mes pensées qui, comme pour Diderot, sont mes catins !

Lorsque mes amis me voient arriver ou repartir avec D. au volant, ils ne peuvent s'empêcher de sourciller ou de sourire.

Quoi, suis-je un *vrai* homme ?

Si oui, suis-je malade et incapable de conduire ? Ma seule excuse, sans doute, c'est d'être un romancier. Les « artistes » ayant la réputation d'être excentriques, mon petit « écart de conduite » est pardonné. Si j'étais un homme d'affaires ou disons simplement un homme ordinaire, on me croirait volontiers en dépression, pire encore en faillite ! Un « vrai » homme conduit, sinon sa femme a l'air de porter les culottes, de le mener par le bout du nez !

Un vrai homme qui cède le volant à sa femme, c'est comme un homme qui marche dans la rue avec un chihuahua ou un pékinois. Ça fait efféminé ! Un vrai homme possède un gros chien, de préférence de style berger allemand ou bouledogue, car les chiens ressemblent à leur maître, c'est connu ; alors mieux vaut soigner son image.

Si un homme a fait l'acquisition d'une voiture sport, il la laissera plus volontiers essayer à un de ses copains (même si ce dernier a eu trois accidents en deux ans et qu'il est un alcoolique fini) qu'à sa copine qui a pourtant un dossier de conduite impeccable.

Lorsque l'homme accepte de céder le volant à sa femme, c'est souvent qu'il est trop ivre ou trop épuisé pour conduire. Ou alors il est souffrant ! Il est atteint par exemple d'une « grippe d'homme » qui, comme chacun sait, est bien plus éprouvante qu'une simple grippe de femme : à preuve, les femmes peuvent continuer de s'occuper des enfants et faire à manger même avec 104 degrés de fièvre !

Elles peuvent même faire l'amour, ou plutôt se laisser faire l'amour par leur conjoint. Pour ce dernier, c'est la preuve qu'elle n'est pas vraiment malade et fait seulement semblant pour s'attirer sa sympathie ou quelque faveur !

Quand l'homme a abandonné à sa femme son précieux privilège automobile, il « conduit » quand même, par déformation professionnelle, tel un homme qui, dit-on, sent encore sa jambe même lorsqu'on la lui a amputée, et à la vérité la cession de volant est quasiment aussi douloureuse.

D'ailleurs, l'homme regarde encore plus la route que lorsqu'il est au volant. À tout bout de champ, parce que sa femme va trop vite ou « suit de trop près », il applique des freins invisibles, il pose brusquement les mains sur le tableau de bord pour se préparer à un accident certain.

Il soupire, roule les yeux, sa gorge devient sèche, il tente en vain de déglutir. S'il parvient à contenir ses commentaires, c'est en général très passager (sans mauvais jeu de mots !), surtout si sa femme a « stupidement » pris la mauvaise voie, qui est évidemment plus lente que celle qu'il aurait prise non seulement par expérience de bon conducteur aux heures de pointe, mais aussi parce qu'il voit plus loin sur la route : pour peu, on lui décernerait la palme de prophète !

Alors il explose : « Ce n'est pas parce que c'est toi, chérie, mais tu ne trouves pas que tu aurais dû prendre l'autre voie ! On va être en retard, là ! Ne freine pas si brusquement, fais de la conduite préventive, on va se faire rentrer dedans ! »

Si elle s'immobilise à un feu jaune, comme le prescrit la loi, il s'interroge : « Qu'est-ce que tu fais, pourquoi tu t'arrêtes ? – Ben, parce que le feu est passé au jaune ! » Il est estomaqué, roule des yeux incrédules, exaspérés, dodeline de la tête : « Ça prend bien une femme pour s'arrêter à un feu jaune ! »

Ce concert de critiques atteindra son paroxysme au moment de garer la voiture, surtout s'il faut le faire en reculant ! Là, mieux vaut ne pas regarder le jeu de massacre assuré ! Lui qui est accro à la vitesse, voilà qu'il rêve de se faire tortue pour pouvoir faire disparaître sa tête dans sa carapace et éviter cet insupportable spectacle : sa voiture qui va se faire égratigner, c'est sûr !

Pour « acheter la paix », pour s'éviter des critiques incessantes, des soupirs exaspérés ou terrifiés et aussi parce qu'elle sait à quel point l'auto est importante pour l'homme, la femme lui cède élégamment le volant comme elle laisserait un jouet à son enfant capricieux et irascible. Elle sait que l'auto est presque une religion pour lui (pas très loin du sport!) et *Le Guide de l'auto*, sa bible!

La femme est consciente que l'homme se définit par son auto et c'est pour cette raison que bien des hommes tombent en profonde dépression lorsque, le grand âge advenant, on leur retire leur permis de conduire, qui est presque pour eux leur permis de vivre, et qui bien souvent, sans étonnement, cause leur décès prématuré.

Et pourtant, quand ils sont nés, ils n'avaient pas d'auto! Et pourtant, toutes les années de l'enfance, souvent heureuses, ils n'ont pas eu d'auto, sinon des autos en plastique ou des *Dinky Toys*!

Cela dit, je ne voudrais pas passer pour un saint: sans vouloir faire de publicité à une marque au détriment d'une autre, j'avoue que, depuis 15 ans, je conduis une voiture allemande luxueuse et que j'en tire un contentement qui n'est pas juste un plaisir de conduite: je suis conscient que ça ajoute à mon standing, que ce soit fondé ou pas.

Et je me sens plus à l'aise de me présenter chez des amis, à une conférence que je donne, ou à mon club de golf, qui est plutôt chic, au volant de cette auto que d'une auto plus modeste. Cordonnier… bien chaussé!

J'aime aussi regarder les belles autos et je suis sincèrement fier de ceux de mes amis qui en conduisent une et je ne manque pas de les en féliciter.

Toutes les statistiques montrent que les hommes sont impliqués dans plus d'accidents que les femmes. Ils conduisent plus souvent, m'objecterez-vous. Soit. Mais ça va plus loin que ça: ils sont plus irresponsables au volant (ébriété, fatigue, vitesse excessive, dangereux élans de machisme dont la forme ultime est la rage au volant qui épargne les femmes!) et sont, aux yeux statisticiens des assureurs, de moins bons conducteurs que les femmes.

Et pourtant, les hommes se sentent en général plus en danger lorsque la femme conduit à leur place et sont convaincus qu'ils sont de meilleurs conducteurs.

Comme les étudiants d'université sont convaincus qu'ils sont plus intelligents que leurs collègues féminines, dont pourtant neuf sur dix sont premières de classe dans de plus en plus de facultés. Ils s'en moquent car ils sont persuadés que, de toute manière, lorsque ça comptera vraiment, c'est-à-dire sur le marché du travail, ils auront de meilleurs emplois, et surtout de meilleurs salaires. Ce qui est encore vrai, dans bien des cas, même si bien sûr une femme médecin gagne plus qu'un homme plombier avec tout le respect que je dois à cet indispensable métier.

Voici comment je vois l'évolution à ce sujet.

La quiétude masculine est illusoire. Il y a 50 ans à peine, peu de femmes allaient à l'université et peu travaillaient. Aujourd'hui, presque toutes travaillent et presque toutes peuvent aller à l'université, et ne manquent pas d'y aller et d'y exceller, y démontrant autant de sérieux que dans la conduite automobile.

Dans 10 ans, dans 20 ans tout au plus, les femmes occuperont de meilleurs postes et jouiront de meilleurs salaires, équivalents ou supérieurs à ceux des hommes, car on jugera les êtres au mérite, non au sexe.

Personnellement, si on devait m'opérer au cerveau (encore faudrait-il que tu en aies un ! plaisante D. en annotant amoureusement ce manuscrit...), je voudrais le meilleur chirurgien, homme ou femme. Et même dans un domaine aussi traditionnellement « masculin » que l'argent, si un conseiller financier masculin, qui aime parler des femmes (comme moi, visiblement !) et de golf sollicite ma clientèle et me prouve chiffres à l'appui qu'il a eu un rendement de 7 % sur 5 ans avec tous ses clients, je préférerai confier mon argent à une femme si elle obtient un rendement de 10 %, même si elle ne parle pas de golf ou de femmes.

Et ma prédiction est que de plus en plus d'hommes et de femmes vont penser ainsi, dans tous les domaines, même si beaucoup de femmes ont encore des préjugés contre les femmes : si elles voient entrer une femme dans leur chambre d'hôpital, elles ont comme réflexe premier de penser que c'est une infirmière, pas une neurochirurgienne ! Néanmoins, le simple bon sens, l'intérêt et aussi la fréquence de l'exposition aux femmes en position de pouvoir vont venir à bout des préjugés : la compétence sera reine.

Alors les gars, cessez de vous illusionner : mettez-vous à étudier, pendant qu'il en est encore temps ! Le jupon triomphera du pantalon si vous continuez à vous bercer d'illusions !

Les hommes comme les femmes, bien sûr, devront accepter le pouvoir des femmes.

Soyons modernes !

Embrassons résolument le 21e siècle !

Mais les femmes doivent tenir compte du fait que les hommes d'aujourd'hui, parfois, pensent encore comme les hommes d'hier, ce qui cause bien des ravages dans leur cœur parfois trop romantique.

11

POUR SURVIVRE
À LA GUERRE DES SEXES

« *It is a rough game out there...* »

« C'est une " game ", un jeu difficile, dehors ! », m'écrivait une jeune lectrice.

Elle parlait bien entendu de la guerre des sexes, du champ de bataille entre hommes et femmes.

Affligée de malchance chronique, elle collectionnait les faux départs amoureux, tombait constamment sur des types qui, après une nuit, une semaine, un mois, lui disaient « Je te rappelle », et ne la rappelaient pas ! Au mieux, s'ils étaient plus délicats, ils la rappelaient pour lui dire... qu'ils ne la rappelleraient plus ! Charmant !

Ces fantômes de l'opéra d'une nuit, ces fugitifs de l'engagement, ces hommes invisibles du sentiment étaient...

... retournés avec leur ex...

... pas encore prêts à s'engager...

... dans une phase « égocentrique »...

... incapables de consacrer du temps à une relation sérieuse parce que leur carrière les absorbait trop...

Je lui recommandai de lire *The Rules*, petit livre américain qui connut un grand succès et qui explique, en gros, que pour la plupart des hommes la valeur d'une femme est directement proportionnelle à la difficulté de sa conquête.

Mieux encore, en général, les hommes ne tomberont amoureux que des femmes « difficiles », ne s'intéresseront pas durablement aux femmes « faciles ». Comme conséquence de ce constat, les auteurs font les prescriptions suivantes : ne pas faire les premiers pas, ne jamais accepter un rendez-vous pour le samedi soir passé le mercredi, ne pas être toujours disponible. Surtout, ne jamais coucher le premier soir !

Faire mariner l'homme pour que naissent ses sentiments, qui ne voient le jour que dans l'adversité et le doute : en résumé, ne vous précipitez pas pour lui dire que vous l'aimez, que vous ne pouvez vivre sans lui ! Il pensera tout de suite que, lui, il peut vivre sans vous, par esprit de contradiction ou cruauté irrésistible : car au début (de notre évolution, ai-je envie de dire !), surtout quand on aime plus avec sa tête qu'avec son cœur, on aime ceux qui nous fuient et on fuit ceux qui nous aiment !

Cela dit, je doute que l'homme aimera vraiment la femme si elle lui résiste. Il la traitera sûrement mieux, la prendra plus au sérieux, mais pour quelle raison aurait-il davantage de sentiments, puisque les vrais sentiments, c'est-à-dire les sentiments durables, naissent des affinités, pas de la difficulté plus ou moins grande de la séduction ?

À quoi sert à un homme d'avoir mis un an pour séduire une femme si, à la fin, il ne s'entend pas avec elle, s'il s'ennuie en sa compagnie ? Son orgueil sera peut-être satisfait de ce triomphe, mais son cœur ne sera pas de la partie.

Pour les mêmes raisons, ne consentez que progressivement au dévoilement et à l'usage de vos charmes, ce qui du reste est le secret d'un bon strip tease, si vous y pensez !

Ainsi pensent et agissent les hommes.

De plus en plus de femmes, il est vrai, « pensent comme les hommes », au chapitre de l'amour ! Elles ne sont cependant pas la majorité. Pourtant elles existent, et ce sont les hommes qui bientôt auront besoin avec elles de leurs *Rules* pour éviter que leur cœur – ou plus souvent leur orgueil – ne soit froissé ! Juste, quoique tardif retour du balancier !

La lectrice qui se plaignait de ses déboires amoureux me dit avoir lu *The Rules*.

Visiblement, elle ne l'avait pas compris.

Ou elle n'avait pas le courage (dans son inconsciente dépendance affective, peut-être !) de le mettre en pratique.

Ce livre moderne ne l'ayant pas protégée des hommes – ou d'elle-même ! –, je lui parlai d'un opuscule plus ancien, dont les vertus lui apporteraient sans doute quelque réconfort, lui éviteraient d'autres déconvenues sentimentales.

Autour des années 1150, en France, se tenaient ce qu'on appelait des cours d'amour, où nobles et courtisanes se réunissaient pour discuter du sentiment amoureux, de ses subtilités, de ses tourments et de ses lois. S'ensuivit un code (*Le Code d'amour courtois*) en 31 articles.

Deux articles énoncent et annoncent, en d'autres mots, les observations faites dans *The Rules*. Jugez-en par vous-même.

Article XIV : « *Le succès trop facile ôte bientôt son charme à l'amour : les obstacles lui donnent du prix.* »

Article XXIX : « *L'habitude trop excessive des plaisirs empêche la naissance de l'amour.* »

Dans le cas de cette jeune lectrice et de bien des rencontres, il faudrait préciser *usage excessif*, mais surtout *usage précoce et facile du plaisir consenti par la femme à l'homme*.

Bien des hommes, lorsque la femme consent à être du consommée rapidement, se disent, montrant la « profondeur » de leur sentiment : « Elle ne vaut pas la peine que je m'arrête, mieux vaut la jeter et passer à un autre appel… de mes sens ! »

— Mais c'est con de penser ainsi !, m'objecta la jeune lectrice.

— Je suis tout à fait d'accord avec vous, jeune femme, c'est con, mais qu'attendez-vous de l'homme moyen : qu'il soit délicat et génial ?

Elle paraissait sceptique. Je lui ai raconté l'anecdote suivante.

Nous avons un petit chien, ou plutôt ma fille Julia a un petit chien qui s'appelle Binou. Comme bien des enfants, elle me jurait, avant que je ne consente à le lui acheter, qu'elle s'en occuperait. Évidemment, c'est moi qui ai hérité de cette tâche après quelques semaines !

Lorsque je promène Binou, il est, comme tous les chiens du monde, attiré irrésistiblement par les poteaux téléphoniques (à croire qu'il a déjà travaillé pour Bell !) et les arrose copieusement, pour marquer son territoire, laisser sa trace.

Parfois, il fait le tour du poteau, avec sa laisse, puis vient vers moi. Je tire sur la laisse, pour qu'il comprenne qu'il lui faut refaire le tour du poteau s'il veut qu'on poursuive notre promenade. Pourtant, il s'obstine, s'acharne à tenter de marcher vers moi, se demandant sans doute ce qui le retient mystérieusement.

S'il était philosophe, il croirait sans doute que c'est le destin.

S'il était religieux, il croirait que Dieu lui envoie une épreuve !

S'il était psy, il chercherait dans son passé : peut-être sa chienne de mère l'a-t-elle privé d'amour !

Ce n'est pourtant que la laisse – et sa stupidité – qui retiennent le pauvre canidé !

Et, invariablement, même si je proteste, même si je lui dis : « Tu es idiot, fais le tour du poteau ! », c'est moi qui dois le faire !

— C'est con !

— Oui, c'est con, mais… C'EST COMME ÇA !

— Ah ! je viens de comprendre !

Plutôt fier des résultats de ma maïeutique, je poursuivis mon exposé sur les précautions à prendre pour éviter la fuite en avant de ce type d'hommes pour qui la conquête est tout.

Soit dit en passant, moi, je n'ai jamais été très branché sur la séduction.

Je préfère être conquis que conquérir.

Non pas que je sois passif et que j'attende que la femme fasse les premiers pas, loin de là.

Non pas que je sois pusillanime, mais une trop grande résistance de l'autre m'éloigne. Je me dis : « Si elle est si réticente, c'est soit qu'elle n'est pas prête (moins mortifiant pour mon ego !), soit que je ne lui plais que médiocrement. » C'est la formule infaillible pour l'échec ou les amours à contretemps : je serai seul à l'aimer pour un temps, puis elle prendra la relève, et nous ne nous aimerons jamais en même temps !

Mes liaisons les plus longues, et par la même occasion les plus sérieuses, ont commencé tout de suite. Je veux dire que nous avons couché ensemble rapidement, peut-être pas le premier soir, mais le deuxième ou le troisième.

C'est, semble-t-il, la durée convenue de la cour moderne. Si vous attendez plus longtemps pour demander ou tenter de coucher avec une femme, vous risquez de la froisser. « Quoi ? se demandera-t-elle. Est-ce que je l'intéresse ? Est-il gai ou impuissant ? Peut-être veut-il simplement que nous soyons amis. Dommage ! je ne lui aurais pas fait mal dans un lit ! »

Devant une femme nouvelle, je ne me suis jamais demandé : « Vais-je l'avoir, et quand ? »

Mais plutôt : « M'aimera-t-elle ? Et moi, est-ce que je peux l'aimer ? » Mieux encore : « Est-ce que je peux l'aimer follement ? »

Aussi, bien sûr : « Est-ce que je peux parler avec elle, je veux dire vraiment parler, pas juste échanger des banalités ? Est-ce que le temps passe à toute vitesse en sa compagnie ou est-ce que je trouve le temps long, que je préférerais être ailleurs, même à l'Assemblée nationale un lundi matin du mois de novembre… ? Sommes-nous, à la vérité, déjà en train de faire l'amour même si nous sommes seulement assis au resto devant un café parce que nous rions comme des fous et qu'il y a entre nous cette chimie, cette folie, à côté de laquelle il n'y a rien, que le vide ? »

Pas une grande entreprise de séduction en somme !

Plutôt la curiosité de constater s'il y a possibilité de rapprochement, et surtout d'amour fou !

Je crois que les femmes devraient s'inspirer de cette éthique amoureuse.

Car elles aussi, bien souvent, aiment que ce soit difficile, que l'homme soit inaccessible ou leur résiste.

Et elles inventent toutes sortes d'explications avantageuses, de circonstances atténuantes à sa froideur, pire encore à sa muflerie : « Je suis sûr qu'il m'aime même s'il ne le dit pas, même s'il ne le montre pas, même s'il me traite comme une moins que rien ! Il est timide, c'est un tendre qui a peur de souffrir s'il montre ses sentiments ! »

Mais revenons à notre jeune lectrice.

Je lui parlai de l'article XI du *Code d'amour courtois*, qui se lit comme suit :

« *Il ne convient pas d'aimer celle qu'on aurait honte de désirer en mariage.* »

Ce conseil s'adresse aux hommes, je sais, mais j'ai eu envie de lui en parler, parce que les hommes, sauf en de rares exceptions, ne se conforment pas à ce précepte.

Bon, d'accord, une femme ne s'attend pas à ce qu'un homme couche avec elle seulement s'il veut l'épouser. Elle s'attend au moins (sauf si elle se paie des vacances érotiques dans les îles, grand bien lui fasse !) à ce que l'homme qui couche avec elle éprouve un certain sentiment à son endroit.

Qu'il la trouve au moins, comment dire, intéressante, sympathique... et qu'il ne la voie pas juste comme la compagne d'un soir, qu'il ne couche pas avec elle juste...

... parce qu'il veut ajouter une conquête à son tableau de chasse...

... parce qu'il est en manque et qu'il a épuisé tous les numéros de téléphone de son carnet galant...

... parce qu'il veut oublier son ex à laquelle il est encore accro – et bien plus qu'il ne le prétend...

... parce qu'il la trouve belle, certes, et même drôle, mais il y en a tellement d'autres qui le sont, qui le seront. Il a la main heureuse (et leste) : pourquoi poursuivre plus d'une nuit ou deux avec la même femme ?

Complétez la liste si vous voulez, mais convenez avec moi qu'on est loin des émois de *Casablanca* !

Rien de bien intéressant pour le cœur romantique de bien des femmes !

Je sais : certaines femmes crient haut et fort qu'elles veulent seulement s'envoyer en l'air, qu'elles adorent faire l'amour.

Mais en général, elles ne se sentent pas très triomphantes lorsque, une semaine après avoir baisé tout le week-end, le mec ne les rappelle pas.

La femme en général a un agenda secret lorsqu'elle va au lit. Et dans cet agenda, il y a d'écrit, à l'encre tremblante et rose, que lorsqu'elle ouvre ses jambes pour un homme, elle ouvre aussi un peu son cœur.

Oui, lorsqu'elle laisse tomber ses réticences en même temps que cette jolie robe noire, imitée de Chanel, qu'elle a portée pour lui plaire, c'est aussi parce que cet étranger lui plaît.

Elle ne pense pas nécessairement que c'est pour la vie (elle n'est pas née de la dernière pluie!). Elle pense toutefois que son ticket est valide pour quelques semaines, quelques mois, ce qu'on appelle une aventure ou une liaison, clandestine ou pas selon son statut à elle ou celui de l'homme.

Ces contre-indications à la hâte amoureuse étant faites, je m'empresse d'ajouter que j'ai des amis qui ont couché ensemble le premier soir, le deuxième soir, le troisième soir…, qui ont vécu ensemble au bout d'une semaine, qui sont ensemble depuis 25 ans et ont 3 beaux enfants.

L'amour, le grand amour, vrai et durable, pardonne aisément aux amants de se jeter tout de suite dans les bras l'un de l'autre. Puissant, il résiste à la précipitation sentimentale et à tout le reste : c'est pour ça qu'on l'appelle « le grand amour » et qu'il est si rare.

12

MÊME EN AMOUR,
FIEZ-VOUS AUX FAITS !

La femme rêve que l'homme change, l'homme rêve que la femme ne change pas.

Parce que, bien sûr, les hommes regardent surtout le corps, les femmes surtout l'esprit.

Et c'est pour ça que, comme les lapins, on attrape les femmes par les oreilles. C'est joli, mais ce n'est pas de moi, c'est de la regrettée comédienne Madeleine Renaud, compagne de Jean-Louis Barrault.

La femme cherche souvent à se fabriquer le mari qu'elle n'a pas et se croit des talents de dresseur d'ours ou de lion.

Même si ce n'est pas toujours facile, parce que les sentiments sont en jeu, parce qu'on a des rêves et des espoirs, *fiez-vous aux faits*.

Ne vous fixez pas des buts trop élevés (c'est bon juste en affaires !), dans votre projet de dressage et de toilettage. S'il a mauvaise haleine, il est facile de lui acheter du rince-bouche, mais s'il a mauvais caractère parce qu'il est alcoolique, joueur compulsif et chômeur chronique, ce sera plus difficile de le mettre à votre main. Vous y perdrez sans doute bien du temps et de l'énergie, que vous auriez pu consacrer à un autre.

Ou à vous !

Il devrait être facile de se fier aux faits, mais ça ne l'est pas, je sais.

Parce que le cœur a ses raisons que la raison ne connaît pas, évidemment.

Des fois, vous êtes seule depuis trois ans et ce que vous vivez avec l'autre, même si ce n'est pas parfait, loin de là, c'est mieux que rien.

Surtout, comme on entend souvent : l'autre a du « potentiel »… même s'il ne le sait pas !

Et cette nouvelle relation changera le paradigme de votre conversation avec votre mère : au lieu de vous demander pourquoi vous n'avez pas d'homme, elle commencera à vous donner des conseils pour qu'il vous mette la bague au doigt et vous fasse des enfants.

Incroyable, cette obsession des parents pour que leurs enfants aient des enfants ! Ensuite, ils ne sont pas libres pour les garder : « Hé, ils ont déjà élevé leur famille ! »

Fiez-vous aux faits, ce qui, dans bien des cas, revient au même que de se respecter soi-même.

Si votre partenaire vous aime, s'il tient à vous, il s'occupe de vous, il vous réserve du temps, il vous appelle, il fait l'amour avec vous, il fait des efforts pour vous plaire.

Si depuis trois semaines ou trois mois, il ne vous fait plus l'amour sous prétexte qu'il est fatigué et qu'il n'a pas la tête à ça, dites-vous qu'il est fort possible qu'il soit fatigué… de VOUS !

Ou fatigué parce qu'il s'épuise allègrement dans les bras d'une autre !

Un fait amoureux brutal, je sais, mais un fait tout de même.

À moins que ce rythme n'ait été dès le départ votre vertigineuse vitesse de croisière avec lui.

Auquel cas, ne vous en étonnez pas !

Il est rare que la tortue devienne un lapin avec le temps, que la grenouille devienne un bœuf.

Il y a bien sûr des circonstances atténuantes réelles : maladie, burn-out, dépression, qui n'ont rien à voir avec l'infidélité ou la lassitude amoureuse.

Fiez-vous aux faits, même si votre cœur voudrait que ce soit différent, que ce soit plus romantique… !

De la même manière, lorsqu'un homme vous quitte, dites-vous que c'est parce qu'il ne vous aime plus ou pas assez pour rester avec vous. C'est triste à dire, mais la vérité est préférable.

Ne l'attendez pas inutilement !

Vous valez mieux !

Parfois, je sais, des femmes trouvent une certaine noblesse, un certain mérite dans cette attente amoureuse, dans cette loyauté à vide.

Mais dites-vous que neuf fois sur dix, l'homme qui vous a quittée se fout totalement que vous l'attendiez. Il ne le sait même pas, et même s'il le savait, ça ne flatterait que médiocrement sa vanité.

Rien pour démarrer avec lui la vie à deux ou la famille dont vous rêvez !

La triste vérité est qu'il vous a quittée soit pour une autre femme soit pour être libre. Je ne dis pas qu'il ne reviendra jamais, mais votre attente n'est rien pour lui.

Refaites votre vie aussitôt que vous le pouvez. Chassez-le de votre esprit, oubliez-le, expédiez-le par poste prioritaire dans le néant amoureux !

Pourquoi perdre votre précieux temps pour cet homme qui ne vous aime pas et par conséquent n'en vaut pas la peine ? Et si vous l'aimez vraiment, respectez sa décision d'être heureux sans vous ! Sinon vous êtes seulement égoïste et ne pensez qu'à votre bonheur !

J'ai toujours pensé que la meilleure thérapie au chagrin était un amour nouveau.

Et que par conséquent je me guérissais mieux d'une déception sentimentale dans les bras d'une autre femme, même si, je n'en disconviens pas, c'était parfois un peu rapide.

J'ai toujours voté pour l'amour.

Malgré bien des déceptions, bien des meurtrissures. Et j'ai toujours accordé ma confiance totale à la femme nouvelle et belle que le destin, aimable complice, plaçait sur mon chemin.

Je n'ai jamais eu la bêtise de lui reprocher les torts que les autres femmes m'avaient causés.

Pour moi, les femmes sont le commencement et la fin de l'existence.

Ne fait-on pas tout pour elles, ne veut-on pas devenir riche et célèbre pour leur plaire ?

La vie sans femme est si ennuyeuse pour moi qui passe le plus clair de mon temps seul avec des personnages en qui je crois certes, mais qui restent des êtres de papier.

Je sais, vous, les femmes, après une rupture, ça vous prend souvent plus de temps pour guérir, pour oublier, pour vous remettre à sourire et laisser un étranger entrer dans votre vie, dans votre lit.

Je ne le vous reproche pas. Mais ne devenez pas comme la femme de Loth qui fut changée en statue de sel pour avoir regardé derrière elle !

L'amour est si merveilleux, et il y a tant d'êtres magiques que nous ne voyons pas et dont nous refusons l'offrande simplement parce que nous sommes obnubilés par les fantômes de notre passé !

Et n'oubliez pas : « Nouvel amour chasse l'ancien. » C'est l'article XVII du *Code d'amour courtois* qui le dit.

Vous rencontrerez peut-être l'amour demain matin (ou plus probablement demain soir !), mais ce peut être aussi demain midi, au resto, au bureau, à vélo, dans le métro, à un cours de taekwondo, en auto : ne freinez pas brusquement si vous avez vu dans votre rétroviseur l'homme ou la femme de votre vie, mais certains « accidents » devaient arriver et ont des issues plus romantiques que vous aviez prévu !

Vous passerez peut-être votre vie avec votre prochain partenaire…

Vous vieillirez avec lui !

P.-S. : Les bouddhistes prêchent la compassion, c'est même la base de leur éthique, mais ils préviennent aussi qu'il faut éviter la *compassion déplacée*.

Elle consiste à accepter des situations ou des traitements irrespectueux ou carrément iniques. La femme « douce », trop compréhensive par nature, y cède souvent.

Les conséquences sont parfois tragiques.

C'est ce qui arrive lorsqu'elle rencontre un homme violent ou fou, surtout si elle lui inflige l'affront de le quitter, le crime de lèse-majesté suprême étant de le quitter pour un autre homme. Pour lui prouver son « amour », il la tuera, tuera leurs enfants et se tuera lui aussi.

En résumé, fiez-vous aux faits, surtout s'ils sont violents ou ont simplement apparence de violence. *Ne tombez pas dans le piège de la compassion déplacée* : dès qu'il y a danger, physique ou même seulement moral, dès qu'il y a violence, tirez votre révérence !

Même si, pour se faire pardonner ses errances et ses excès, l'homme vous promet la lune et vous assure que vous êtes sa reine…

Sa reine…

Platon disait qu'il fallait que les rois soient philosophes et les philosophes rois, dans une république digne de ce nom.

Mais comme les rois qui dirigeront la république de ce siècle seront de plus en plus souvent des reines, voyons maintenant comment elles devront faire – avec l'argent et leur conjoint – pour ne pas tomber en bas de leur trône…

13

MESDAMES, METTEZ *TOUT* EN COMMUN – SAUF *TOUT* VOTRE ARGENT !

Je ne suis pas conseiller matrimonial, ni même conseiller financier même si je parle souvent d'argent dans mes livres, mais permettez-moi quelques conseils.

Si vous vérifiez la signification de l'expression anglaise *gold digger* dans un dico, et Google fait l'affaire, vous trouverez que c'est une *femme* qui recherche (comme les anciens chercheurs d'or de l'Ouest américain) un homme riche qui, en échange de faveurs amoureuses affriolantes, la couvrira de bijoux, de cadeaux et éventuellement (le démon du midi ou la sénilité aidant !) lui offrira un mariage avantageux, avec Rolls, American Express Platine et villa sur la Riviera comme compléments obligés.

M'est avis au demeurant que, sous peu, il y aura de plus en plus de *gold diggers* masculins parce que de plus en plus de femmes gagneront beaucoup plus d'argent que les hommes à qui elles auront déjà fait mordre la poussière à l'université (où neuf premiers de classe sur dix sont maintenant des… premières !) et dont la grande ambition sera de trouver… un bon parti, de faire un bon mariage, comme les femmes du passé. C'est le monde à l'envers ou plutôt, c'est… le nouveau monde !

Il y a donc des *gold diggers*, prétendument, et aussi une pléthore d'hommes qui estiment avoir été lésés par leur femme, lavés par « Madame Net », la sœur de l'autre, au moment du divorce.

En général, c'est plutôt la femme qui, plus souvent qu'à son tour, perd au jeu de l'argent et de l'amour.

Pourquoi ?

Parce que, par nature – ou peut-être par éducation –, les femmes sont...

1. plus amoureuses, plus romantiques et persuadées que cet amour-là est le bon, qu'il est fait pour durer, même si les précédents ont été brefs, même si leur amant est à leur avis un coureur de jupons par elles converti...

2. plus dévouées, plus prêtes à travailler en équipe (alors que l'homme garde souvent son agenda secret), à faire des sacrifices, souvent financiers, pour leur homme...

3. plus prêtes à jouer les seconds violons, à épauler leur homme, souvent sans compensation, ou sans compensation équitable mais avec l'espoir bien légitime qu'elles auront un jour leur part du gâteau, que l'homme hélas offrira sans doute à une autre : à moins qu'il ne la mette elle aussi à contribution sans rétribution !

En conséquence, il me semble que les femmes devraient garder une petite gêne, mieux encore une grande gêne, en tout cas y penser par deux fois avant de se dévouer corps et âme au succès de leur partenaire, si du moins il n'y a pas d'entente bien claire au départ. Et si votre partenaire vous accuse de mercantilisme, de manque de romantisme, c'est peut-être lui le rat. *It takes one to know one !*

Méfiez-vous ! Il vous prend possiblement pour un sous-fifre, dont le temps et le talent ne valent rien. Guère plus flatteur.

C'est pour cette raison que, même si vous acceptez d'avoir un compte conjoint (l'épithète est tentante, je n'en disconviens pas !), vous devriez aussi avoir un compte personnel bien à vous, votre jardin « financier » secret, en somme. En acceptant que l'homme en ait un lui aussi, bien sûr, ce qu'il fait presque toujours de toute manière, même s'il ne s'en vante pas. Et comme on ose si peu poser des questions au sujet de l'argent parce que ce n'est pas romantique, ça passe inaperçu !

Ce compte bien à vous vous protège contre les abus éventuels de votre partenaire trop dépensier ou peu scrupuleux. Il vous protège aussi contre un partenaire qui a de petites (ou grosses) cachettes, ce qui veut dire, bien souvent, des dettes.

Si votre partenaire insiste pour que vous mettiez tout votre argent dans un compte conjoint, s'il ose se montrer menaçant, vous devriez non seulement vous montrer méfiante, mais aussi prendre la poudre d'escampette.

Je ne veux pas avoir l'air trop mercantile, trop terre-à-terre, mais comme un couple sur deux se sépare, et même selon la tendance – et la longévité – trois couples sur quatre, malgré les belles promesses, malgré les grands élans du début, soyez prudente !

Donc gardez deux comptes : un compte conjoint pour les dépenses importantes que vous avez décidé d'assumer à deux, par exemple le loyer ou l'hypothèque, la nourriture, et un compte à vous.

Ça vous évitera de vous disputer à tout bout de champ parce que votre conjoint aura puisé dans le compte commun pour s'acheter un nouvel outil de menuiserie inutile, un costume de 1000 $ que vous trouverez dispendieux même s'il vous a expliqué que c'était une véritable aubaine : il valait 1500 $!

Autre avantage de ce compte bien à vous : vous n'aurez pas à vous justifier – pire encore à subir le courroux de votre partenaire ! – si vous vous achetez de jolis escarpins ou un bijou.

Ce qui vous est peut-être arrivé dans le passé.

Car on trouve presque toujours ridicules, ou en tout cas excessives et injustifiées, les dépenses que *l'autre* fait. C'est encore pire s'il les fait en puisant dans le compte conjoint comme s'il puisait dans son propre argent! Faites l'économie de cette frustration et préservez vos économies: ayez votre compte bien à vous!

C'est plus prudent.

Vu la fragilité des unions modernes et la longévité croissante (compromise, il est vrai, par l'obésité de la jeune génération!), les gens se remarieront plusieurs fois dans leur vie et chacun, lors de la rencontre, aura des actifs (parfois importants) pas toujours faciles à déterminer, surtout avec les pensions à verser, les engagements antérieurs pour l'éducation des enfants nés de précédentes unions, et aussi, il ne faut pas l'oublier, la prise en charge, souvent dispendieuse, des parents vieillissants.

Il est à prévoir que les mariages financiers «fusionnels» seront de plus en plus rares et qu'il y aura de plus en plus de mariages *à la carte*, ce qui, à mon avis, une fois les choses bien mises au clair, ne devrait pas empêcher le romantisme de fleurir et l'amour vrai de s'épanouir.

Il faudra seulement faire preuve de maturité, être raisonnable même si on parle d'engagement amoureux, et surtout faire preuve de transparence et d'équité.

Cela s'impose lorsque la femme veut devenir mère…

14

CONSEILS AUX FEMMES
QUI VEULENT DES ENFANTS

Si vous décidez de mettre votre carrière en veilleuse pour élever des enfants, il est normal et équitable, je crois, que votre partenaire vous offre une compensation, et pas juste symbolique.

Le premier ministre Pierre Elliott Trudeau avait offert à sa femme la moitié de son salaire après impôts car elle restait à la maison pour élever leurs trois enfants. Mais il était millionnaire, je sais, et son salaire de premier ministre pesait peu dans sa fortune.

N'empêche, l'intention était louable et peut inspirer d'autres pères. Évidemment, je ne crois pas qu'il faille attendre d'un homme qui, par exemple, a fait de longues et éprouvantes études de médecine, ou a passé 20 ans de sa vie à bâtir son entreprise, qu'il offre la moitié de son salaire à sa femme parce qu'elle a un enfant de lui.

Ce serait exagéré de la part de la femme d'espérer semblable traitement.

Je dis juste que, comme la femme fait souvent une longue (et coûteuse) parenthèse dans sa carrière, il faut prévoir des arrangements équitables, avec lesquels les deux seront à l'aise.

Surtout, il ne faut pas avoir peur d'aborder la question *avant* d'avoir des enfants.

Après, il est souvent trop tard.

L'instinct maternel entre en jeu et exalte la générosité de la femme.

Elle s'oublie dans ses enfants.

Ce qui parfois la perd.

D'autant que, dans notre société hypermatérialiste, le rôle de mère n'est pas toujours reconnu à sa juste valeur.

Il y a quelques années, j'ai surpris une conversation entre ma fille Julia et une amie, qui avaient toutes deux huit ans. Elles parlaient du métier de leurs parents. Ma fille a expliqué à son amie que je passais mon temps à écrire, que je ne faisais «que ça»; son amie lui a demandé, intriguée: «Pourquoi?» Julia a répondu: «Je ne sais pas, il est bizarre...», puis elle a demandé à son amie: «Ta mère, est-ce qu'elle travaille?»

«Non, répliqua le plus sérieusement du monde son amie, elle ne fait rien, elle reste à la maison!»

La petite amie de Julia avait un frère et une sœur! Imaginez le travail de sa mère... qui ne fait *rien* à la maison avec trois enfants!

J'ai eu de la peine à contenir mon hilarité.

Même si ce n'était pas vraiment drôle.

Même si au fond c'était triste.

Parce que ça reflète un préjugé trop répandu.

Parce que c'est ce que pensent trop d'adultes, qui pensent comme des enfants, malgré le fait qu'ils se croient très intelligents!

Ce mépris stupide n'est pas seulement attribuable aux hommes, car bien des femmes modernes, aux idées prétendument libérales, y cèdent et ne s'en cachent pas. Elles regardent de haut les femmes qui «ne font rien», qui restent à la maison.

Les femmes baby-boomers, qui ont aujourd'hui (en 2010) entre 50 et 60 ans, et qui sont restées à la maison pour élever leurs enfants se sentent souvent regardées de haut. Qui plus est, elles se regardent elles-mêmes de haut, en se diminuant, même si, en plus d'élever leurs deux ou trois enfants, elles épaulent leur mari dans sa carrière.

La ménopause et le départ des enfants alimentent bien sûr cette « crise » qui se formule souvent par des questions telles que :

« N'aurais-je pas dû penser plus à moi ?

Me montrer plus égoïste, au bon sens du mot, au lieu de me consacrer exclusivement à notre famille et à la carrière de mon conjoint ?

Si moi, j'avais poursuivi mon rêve, poussé ma carrière, que serait-il arrivé ? Ma position ne serait-elle pas plus avantageuse, mon estime de moi plus haute ?

Là, je ne suis rien, c'est mon mari qui a tout : le prestige, l'expertise, les clients… »

Une amie voudra la consoler, remettre les choses en perspective. « Tu as quand même tes enfants, une belle famille, ça n'a pas de prix, et en tout cas ça vaut bien des carrières, d'ailleurs pas toujours si brillantes et pas toujours terminées dans la gloire : parles-en à notre amie Josette, qui a tout sacrifié à sa carrière, même la maternité, et qui vient d'être mise à pied après 30 ans de loyaux services ! »

« Oui, peut-être, dira cette femme, mais mon conjoint aussi a ses enfants *et* il a sa carrière ! »

C'est ce « et », cette conjonction, constat de son double avantage, qui la tue !

C'est là que le bât blesse, qu'il semble y avoir iniquité.

Et puis, elle a beau avoir un mari exemplaire, ils ont beau avoir un compte conjoint, elle comprend que l'argent appartient à son mari. C'est lui qui l'a gagné : la preuve en est que c'est à son nom que les chèques sont libellés, que le salaire a été versé, même si son aide, à elle, a été précieuse, voire indispensable.

Même s'il n'y a aucun nuage à l'horizon, comme elle vient d'aborder les eaux (troubles pour la majorité des femmes) de la cinquantaine, elle ne peut se défendre de devenir par moments prophète de son propre malheur conjugal.

Et si son mari la quittait pour une femme plus jeune, comme c'est arrivé à sa meilleure amie pas plus tard que l'année dernière ?

Si au moins elle avait un métier, une carrière, si au moins elle ne devait pas se reposer, pour survivre, sur la moitié du patrimoine familial ! C'est bien beau, le patrimoine familial, la moitié de la maison, du chalet, – s'il y en a un – et des autos, si elles ne sont pas louées ! Mais la vie est longue, l'inflation aussi inévitable que la mort.

Pas agréable de vivre en coupant en deux – ou trois ! – son train de vie comme il arrive presque toujours en cas de divorce car la femme en ressort souvent perdante !

Chose certaine, cette femme pourtant heureuse en ménage ne sent pas qu'elle tient le haut du pavé.

J'ai vérifié, par curiosité, l'origine de cette expression : tenir le haut du pavé. Google nous renseigne ainsi :

> « Bien avant l'apparition du tout-à-l'égout et des trottoirs, les rues et ruelles qui étaient pavées, n'étaient pas plates. Elles avaient une forme en creux, le *haut du pavé* contre la façade des habitations et le creux, au centre de la rue, servant d'égout à l'air libre pour évacuer les eaux de pluie mais aussi toutes les eaux usées qu'y déversaient les habitants.
>
> En l'absence de trottoir, les piétons marchaient le plus près possible des maisons pour éviter de s'approcher du cloaque situé au milieu.
>
> Lorsque des nobles ou aristocrates, ou des gens respectables, ne serait-ce que par leur âge, croisaient des gens du peuple (mais c'était souvent simplement l'apparence ou la richesse

des vêtements qui servait de repère), ces derniers devaient se décaler vers le centre et laisser *le haut du pavé* aux gens supposés être de la haute société.

C'est ainsi que les gens qui *tiennent le haut du pavé* sont des personnes qui ont une situation sociale élevée ou qui en dominent d'autres. »

Cette femme au foyer, donc, comme bien des femmes qui se sont dévouées à l'éducation de leurs enfants et à la carrière de leur mari, se sent souvent ainsi.

Quand elle était occupée à laver les couches, à faire la vaisselle, à préparer les repas, elle n'avait guère l'impression de tenir le haut du pavé, surtout en comparaison de son mari toujours tiré à quatre épingles, sapé comme un roi dans des chemises par elles repassées pour faire l'économie du teinturier, faisant l'élégant dans les réunions, avec ses sacro-saints clients, qui sont souvent des clientes.

C'est son mari qui occupait et occupe encore cette place, le haut du pavé, et en cas de séparation cette différence de « rang social » sera exacerbée, lui semble-t-il. C'est lui l'aristo, elle la plébéienne.

Pourtant, je crois qu'il faut ajouter ceci, qui adoucira peut-être l'amertume de cette femme : elle aurait pu avoir une carrière, et elle aurait peut-être réussi, quoique ce ne soit pas aussi facile qu'on pense.

Si elle avait consacré autant de temps et d'énergie que son mari à sa carrière, elle n'aurait peut-être pas eu le sentiment d'exercer vraiment son rôle de mère, si important pour elle, et ses enfants ne seraient sans doute pas devenus ce qu'ils sont devenus, et ça, ça n'a pas de prix.

Le temps passé avec les enfants est un privilège inestimable, il me semble, en comparaison de celui qu'on passe avec les clients.

Des clients, il en faut, je sais, pour gagner son pain. Mais il y en aura toujours : les enfants ne restent pas longtemps des enfants ! Ils ont un an, cinq ans, dix ans seulement une fois, et ça passe si vite, ce temps privilégié où l'on est tout pour eux. On a tendance à l'oublier trop facilement.

Celui qui n'éduque pas les enfants ne sacrifie peut-être pas sa carrière. Néanmoins, il n'a pas non plus cette richesse, déconsidérée, je sais, et devient parfois un étranger pour ses propres enfants!

Cela étant dit, il reste que la plupart des femmes modernes tentent de concilier travail et famille.

Avec un succès inégal.

Souvent parce que le conjoint ne fait pas sa part, la femme aboutit au bord de la dépression nerveuse ou du burn-out.

Il faut donc le mettre à contribution.

Une lectrice de 31 ans m'assure que c'est illusoire, que, selon son expérience, les hommes ne sont jamais justes, que c'est toujours la femme qui en fait plus, que les hommes ne consentent à mettre la main à la pâte qu'à la suite des demandes répétées de leur conjointe.

Elle va jusqu'à dire que c'est souvent pour ça que la femme divorce et consent à la garde partagée: elle a les avantages financiers du mariage (pas toujours et souvent au prix de luttes sans fin) *et* elle fait l'économie du soin d'une personne: son mari!

Lui « découvre » les joies du ménage et de la vraie vie avec des enfants, mais trouve souvent une autre femme pour assurer cet office! Il appelle ça retomber en amour, refaire sa vie!

N'empêche, si on regarde autour de soi, de plus en plus d'hommes non seulement acceptent de participer aux soins de la maison et à l'éducation des enfants, mais y prennent également plaisir. Et je ne parle pas de chômeurs chroniques ou d'hommes roses, mais d'hommes qui ont souvent de fort belles carrières, sont heureux d'être père, veulent en profiter et ne sont plus prêts à tout sacrifier à leur travail comme bien des hommes du passé.

L'important est que vous choisissiez votre vie selon votre tempérament et vos goûts véritables et non pas selon ce que la société – ou votre conjoint – veut pour vous !

Et que vous choisissiez un homme généreux et équitable, surtout si c'est lui qui insiste pour que vous lui donniez des enfants, comme ça arrive plus souvent qu'on ne le pense, car mettre en veilleuse une carrière brillante et lucrative est un choix de plus en plus difficile pour de nombreuses femmes.

Souvent, quand l'enfant paraît, ou est sur le point de paraître, on songe à faire des rénovations…

Mais est-ce une bonne idée – ou une idée funeste ?

15

LE COUPLE PEUT-IL SURVIVRE AUX RÉNOVATIONS ?

« Lorsque la maison est prête, le malheur entre », proclame un proverbe chinois.

Un peu déprimant, non ?

Pourtant, dans la réalité, combien de couples se disputent, se déchirent et en bout de ligne, se séparent, après les rénovations, une fois que, ironiquement, le petit nid où leur amour devait s'épanouir est terminé !

Je me souviens avec H. Nous avions acheté ensemble une jolie maison. Qui demandait des rénovations. (Elles en demandent presque toutes !) D'ailleurs, beaucoup plus que ce qu'on avait prévu au départ parce que, par quelque mystérieux phénomène, une fois qu'on a finalisé l'achat d'une maison, on commence à lui trouver tant de défauts qu'on se demande ce qu'on a vu en elle au départ, et pourquoi diable on l'a achetée !

Si ça vous est arrivé ou est en train de vous arriver, ne vous en faites pas, c'est tout à fait normal. Vous ne souffrez pas de maladie mentale ou d'insatisfaction chronique.

Je me souviens, nous avions fait une offre très basse – et très optimiste : les vendeurs demandaient 120 000 $ (c'était il y a plus de 20 ans !) et nous avions offert 90 000 $.

Nous habitions à l'époque rue Oxford, à Notre-Dame-de-Grâce, un grand haut de duplex. Lorsque j'ai aperçu, au bas de l'escalier, la réponse des vendeurs, dans une enveloppe blanche, je me suis précipité pour la recueillir.

H. était si nerveuse – ou plutôt si excitée – qu'elle a pris ma main et l'a mise sur son cœur. Il battait à tout rompre !

Nous avons eu la maison pour 110 000 $ au lieu des 90 000 $ offerts. Nous l'avons rénovée, plus que prévu, et lorsqu'elle a été prête, nous n'y avons pas vécu ensemble très longtemps, même pas un an.

On aurait dit que le proverbe chinois avait eu raison.

De nous.

De notre couple.

De notre amour.

Dans le stationnement du notaire, après que H. m'eut revendu sa part de la maison, nous sommes restés au moins 20 minutes dans ma voiture à pleurer.

À pleurer comme deux enfants devant un jouet brisé.

À pleurer devant la fatalité qui nous séparait.

À pleurer de ce rêve qui s'effondrait.

À pleurer sur cette jolie maison toute blanche et proprette, sur cette maison si parfaite, toute rénovée et agrandie mais qui ressemblait si peu à notre bonheur.

Nous pleurions aussi parce que nous ne comprenions pas ce qui avait bien pu nous arriver.

Avec le recul, je me rends compte que j'avais fait des erreurs. C'est souvent l'homme qui, dans un couple, fait les erreurs en premier. Dans un couple de deux femmes, je ne sais pas, c'est peut-être celle qui joue le rôle de l'homme, si du moins c'est ce qu'exige la géométrie de leur danse.

Donc, il y a trop souvent partage des tâches dans un couple : l'homme – léger, gaffeur, ou légèrement gaffeur ! – fait l'erreur, la femme ramasse les pots cassés, pardonne.

Parfois.

Surtout la première faute.

Les suivantes aussi, si on a de la chance, mais si on abuse, elle ferme la porte de son cœur, et ensuite vous avez beau y frapper avec un marteau-pilon, elle ne vous ouvrira pas. Son cœur fera la sourde oreille.

J'avais fait des erreurs, donc, je m'en confesse, et la première avait sans doute été de recourir à un petit calepin dans lequel je notais toutes les dépenses que nous encourions pour les rénovations. H. avait payé ceci, j'avais payé cela, ou telle proportion de cela, etc.

C'était un calepin noir, et H., intuitive comme la plupart des femmes, n'en aimait pas l'idée et avait tout de suite sourcillé : ça nous porterait malchance, ce calepin, d'autant qu'il était noir. Fallait-il qu'elle me fasse un dessin ?

Je n'aurais jamais dû tenir cette comptabilité idiote, j'aurais dû faire confiance à la Vie, à notre couple. Je ne sais pas pourquoi j'avais cette méfiance, pourtant je n'avais jamais été floué dans le passé. Et je sais que je viens de recommander aux femmes, sinon la méfiance du moins la prudence… Ne faites pas ce que je fais, faites ce que je dis, ou le contraire : je ne sais plus !

Ce que je sais est que la rénovation d'une maison est une expérience psychologique (et financière bien sûr) assez mystérieuse, souvent imprévisible, presque toujours éprouvante, et qui déjoue régulièrement les calculs des couples les plus prévoyants, même si, comme l'enfer, elle est pavée de bonnes intentions.

Car voilà ce qui se passe bien souvent et, en tout cas, qui se passa entre H. et moi.

Naïfs, inexpérimentés, on ne connaissait pas les deux règles fondamentales de la rénovation que chaque couple, du reste, devrait afficher, en grosses lettres, sur son frigo avant de se lancer dans cette aventure : LES RÉNOVATIONS, ON SAIT QUAND ÇA COMMENCE MAIS ON NE SAIT PAS QUAND ÇA FINIT. Ni combien ça coûte.

1. Elles prennent presque toujours beaucoup plus de temps que prévu, ça doit être pour ça qu'on dit : Rome ne s'est pas bâtie en un jour !

2. Elles coûtent presque toujours le double de ce que vous aviez prévu, *même si* vous aviez prudemment planifié... qu'elles coûteraient deux fois plus cher !

Et elles engendrent, comme par génération spontanée, toutes sortes de petits conflits, de discussions, de frictions...

La femme veut un bain victorien, l'homme trouve ça ridicule, puis à la fin se dit : « *Anyway*, je ne prends jamais de bain, juste des douches. »

La femme dit : « On pourrait agrandir le salon en condamnant le garage. »

Suggestion sacrilège ! Le garage ! C'est pour ça que l'homme tenait tant à avoir une maison ! Pour avoir *son* garage, où il pourrait mettre *son* auto et *ses* outils !

L'homme a trouvé un robinet de cuisine en solde, à 600 $.

— 600 $! s'exclame sa femme, ahurie !

— Il coûtait 1200 $!

— Dans le budget, on avait mis 300 $.

— Mais on économise 600 $ sur le prix réel !

Incroyable comme il est facile de se ruiner à coups « d'économies » !

Quand les armoires de cuisine sont choisies, il faut trouver la céramique.

La femme : « On planifiait payer 3 $ du pied carré, chéri, mais maintenant qu'on a pris des armoires un peu mieux (elles étaient en promotion ce mois-là, et ils ont "économisé" 4000 $ même s'ils les ont payées 3000 $ de plus que ce que leur budget avait prévu !), ça serait une erreur de se contenter de tuiles bas de gamme. D'ailleurs, ça tombe bien, chez Ramca, j'ai vu des tuiles de terra cotta à moitié prix. Au lieu de 6 $ la tuile on pourrait les avoir pour 4 $, imagine ! »

L'homme : « Mais ce n'est pas moitié prix ! » La femme : « Ben, presque... »

C'est une loi psychologique quasi incontournable : on trouve presque toujours (même si on ne le lui dit pas !) que l'aubaine que l'autre a trouvée n'est pas si formidable que ça, que, même, ce n'est pas une vraie aubaine.

On pense spontanément qu'on aurait facilement pu trouver mieux, sans du reste perdre tout le temps que l'autre a perdu, à croire qu'il en a profité pour aller voir son ex ou boire une bière au lieu de faire du shopping !

Est-ce parce qu'on est frustré de ne pas l'avoir trouvée soi-même, cette aubaine, et d'ailleurs ne l'aurait-on pas trouvée extraordinaire si on était tombé dessus le premier ?

C'est la même chose avec une boîte de *chewing gum* vide dans une auto... Si vous êtes dans *votre* voiture et que votre main tombe sur une boîte de *chewing gum* vide, vous n'en faites pas tout un plat, au plus vous plissez les lèvres et pensez à autre chose. Parce que c'est *vous* qui avez laissé la boîte vide dans votre auto.

Mais si la même chose se produit dans la voiture que votre partenaire vous a aimablement laissé conduire, vous vous dites :

« C'est bien lui, ça ! C'est agaçant à la fin cette habitude qu'il a de laisser des boîtes de *chewing gum* vides dans sa voiture. (S'il y en a deux, votre courroux augmente !) Pourquoi ne les jette-t-il pas, comme tout le monde ? Est-ce si difficile ? Et d'abord, pourquoi est-il incapable de se contenter de deux morceaux à la fois ? Pourquoi faut-il qu'il avale toute la boîte d'un coup comme un vrai animal ou un enfant de cinq ans ? Non vraiment, ça me tape sur les nerfs ! »

Et vous oubliez que c'est *sa* voiture, *son chewing gum*, c'est lui qui l'a payé et que sa banale petite négligence n'est pas bien grave ! La même chose se produit avec une boîte vide dans le frigo : vous avez déjà fait ça, remettre une boîte vide au frigo, au lieu de la mettre à la poubelle – mais vous étiez pressé, distrait ou paresseux ?

Si vous vivez seul, ça ne vous agace pas, mais si c'est l'autre qui a commis ce « crime », pourtant infime, ça vous tape sur les nerfs !

Revenons à la céramique.

Trop occupé au bureau, l'homme demande à sa femme de prendre les mesures de la pièce et de passer acheter les tuiles. Pris d'un doute horrible (ou doutant de ses capacités mathématiques !), il la rejoint sur son cellulaire alors qu'elle est justement à la boutique et lui demande : « Es-tu sûre que tu as pris les bonnes mesures ? »

Moi, je cède souvent à ce travers par déformation professionnelle : je contre-vérifie.

C'est parce qu'il a beau y avoir cinq personnes (compétentes) qui lisent un manuscrit, il reste presque toujours des fautes, comme il reste presque toujours des mauvaises herbes sur une pelouse, si vous y regardez de près ! Donc, je vérifie après les autres ! Mais dans un couple, ça peut être agaçant de se faire *double checker*, je sais. Je l'ai fait encore, samedi soir dernier, sans m'en apercevoir : nous venions de garer la voiture pour aller au restaurant et je m'apprêtais à mettre des pièces dans les nouvelles machines gobe-sous aimablement installées par la municipalité, mais D. m'a dit: « Pas besoin, il est passé 18 heures. » J'ai *quand même* vérifié. Elle a haussé les épaules, a plissé les lèvres, elle était vexée. Je me suis excusé.

L'homme donc : « Es-tu certaine d'avoir pris les bonnes mesures ? »

La femme s'irrite de sa question : « Tu me demandes ça parce que je suis une femme ? Préfères-tu mesurer toi-même et venir les acheter, les tuiles ? »

« Non, non, ma chérie, je demandais ça comme ça. »

Elle raccroche.

Elle revient à la maison avec la céramique. Les boîtes sont lourdes et l'homme a un mauvais dos, mais c'est lui... l'homme, après tout, alors il les porte jusqu'à la cuisine, sous les yeux du poseur de céramique qui n'a pas levé le petit doigt car c'est un artiste, pas un déménageur ! Le Michel-Ange de la céramique pose les tuiles et annonce avec un petit sourire supérieur, parce que l'homme n'a pas voulu faire affaire avec lui pour économiser sur sa commission, qu'il en manque. L'homme pousse les hauts cris : « Il en manque ? Combien ? »

« Au moins deux grosses boîtes. »

« Deux grosses boîtes ? »

L'homme n'en revient pas.

Il y a erreur et erreur ! Trois ou quatre tuiles, il aurait pu comprendre mais deux boîtes, il faut le faire ! Il dévisage sa femme qui baisse aussitôt ses jolis yeux. Même si, à la vérité, elle n'est pas vraiment fautive.

Il ne manque pas de tuiles parce que la femme a mal pris les mesures, mais parce que l'homme a oublié de lui spécifier (et le vendeur n'a pas bien fait son travail non plus !) qu'il faut toujours ajouter 5 % pour la perte. Et, comble de malchance, la tuile choisie casse facilement et il faut en acheter plus, comme le lui explique le poseur (de céramique) avec une seconde édition (revue et augmentée!) de son sourire supérieur.

L'homme et la femme se précipitent au magasin, mais réalisent, ô horreur! qu'il ne reste plus de ces tuiles!

Le vendeur leur explique qu'il vient de vendre les trois dernières boîtes il y a à peine une heure. Ils n'en recevront d'autres que dans un mois!

Le mauvais sort s'acharne sur eux: l'homme pense ou dit à sa femme: « Ils les *avaient*, nos deux boîtes de tuiles manquantes! Si on était arrivés une heure plus tôt, on les aurait eues! Mais non, il fallait que tu passes une heure à te maquiller et à te changer! Comme si c'était nécessaire pour aller acheter deux boîtes de tuiles! »

Parfois, ça va plus loin: « On n'aurait jamais dû commencer ces rénovations stupides! Même, on n'aurait jamais dû acheter cette maison! »

Et c'est vrai que cette maison commence à ressembler à la maison du malheur et que celui qui a inventé le proverbe chinois doit commencer à rire dans sa barbe!

Mais l'homme, dans un brusque et surprenant élan de sagesse, se rappelle alors ce que Musset a édicté: « On peut avoir le dernier mot avec une femme, à condition que ce soit oui. »

Il propose, génial: « Viens, on va se changer les idées et oublier les plaisirs de la rénovation: on part trois jours à Ogunquit en amoureux, sans enfants sans amis! »

Elle lui saute au cou!

Les rénovations attendront!

Ils réservent la chambre la moins chère – avec vue sur un stationnement (bruyant) plutôt que sur la mer –, parce que les travaux de la maison leur coûtent les yeux de la tête, mais au moins ils sont en vacances, loin de la poussière et du bruit des rénovations... pendant trois jours !

P.-S. : Avant de rénover, essayez de faire des pactes entre vous, de déterminer qui a le plus de temps à consacrer aux rénovations, selon ses autres engagements. Soyez honnête au sujet de l'argent que vous pouvez investir respectivement, pas de cachettes ! Elles auront des conséquences trop néfastes. Dites-vous que vous avez le droit, comme dans d'autres domaines amoureux, de ne pas être d'accord sur tout. Promettez-vous que vous ne vous disputerez pas si l'un aime le granit et l'autre le marbre. Diderot a dit : « Pourrir sous le marbre ou pourrir sous la terre, c'est toujours pourrir. »

Un peu de la même manière, si vous vous disputez à tel point que vous en venez à vous séparer, même si vous avez gagné avec votre marbre, vous serez tout seul à l'admirer et ce sera peut-être un autre couple du reste qui le contemplera parce que vous aurez vendu la maison, hantée de mauvais souvenirs de... rénovation !

Si vous êtes en désaccord, entendez-vous à l'avance que vous n'aurez pas à vous justifier pendant des heures, voire des jours : votre couple est plus important qu'un tas de briques, de ciment et de tuiles.

Mais voyons maintenant d'autres pactes utiles au bonheur conjugal...

16

PETITS PACTES
POUR LE BONHEUR À DEUX

Qui doit sortir les ordures ?

Je ne parle pas des ex ou des amis encombrants, des parasites de service, mais des poubelles, qui se remplissent si vite : il faut croire qu'elles ont horreur du vide, comme la Nature !

Faut-il toujours aller avec l'autre dans sa famille – sous peine d'être taxé d'égocentrisme, ou de snobisme, s'ils sont moins bien que vous, du moins à votre humble avis ?

Monsieur est-il libre d'avoir son vendredi avec ses chums, un vendredi sur deux ou trois ? Madame peut-elle avoir son souper de filles à sa convenance ?

Voir son ex quand elle le veut – ils ont un enfant ensemble ? Mais il n'a pas de femme dans sa vie ou plutôt il en a une : c'est la vôtre ! Question délicate !

Peut-elle luncher sans culpabilité et sans une scène assurée avec son meilleur ami, qu'elle connaissait bien avant de vous rencontrer et qui n'a pas de copine ?

Et combien de fois par mois peut-elle le voir sans que ça commence à vous taper royalement sur les nerfs ? C'est avec vous qu'elle vit ou avec lui ?

Évidemment, il y a des circonstances atténuantes : il y en a toujours ! Ça ne l'embête pas, lui, de parler d'autre chose que de hockey ou de REER, de parler de sujets de filles, des vraies choses de la vie, quoi ! Des sentiments, des relations humaines, alors que vous, vous êtes un vrai homme et que ça vous fait...

Bon, ça fait beaucoup de pactes amoureux !

Si vous êtes en couple, vous le savez, il faut établir les règles du jeu... et les respecter !

Il faut presque tout négocier, et parfois c'en est épuisant à telle enseigne qu'on se gratte la tête et se demande si la cynique et pas très rigolote Marguerite Yourcenar n'avait pas raison quand elle décrétait lugubrement : « L'amour est un châtiment. Nous sommes punis de n'avoir pu rester seuls. »

Quoi qu'il en soit, ce à quoi je veux en venir, c'est qu'on ne peut donner de conseils cousus main pour toutes ces situations, à chacun d'établir ses propres pactes amoureux. Ce qui compte avant tout, c'est l'*attitude*. C'est votre ouverture d'esprit, votre amour vrai pour l'autre.

Il faut que vous soyez prêt à faire des concessions, bien sûr. Mais pas trop, il me semble : c'est bien beau de mettre de l'eau dans son vin, mais il faut quand même que, à la fin, ça goûte encore le vin ! Et puis si vous êtes vous-même un grand cru et que vous mettez beaucoup d'eau dans votre vin pour « amender » votre nature, n'est-ce pas un peu triste de se transformer en piquette au nom de l'amour ?

Si vous êtes le seul à faire des concessions, parce que l'autre estime qu'il est parfait « *It is my way or the highway* », comme disent les Amerloques – tu plies ou tu te casses : charmant comme programme !), il y a visiblement un problème.

Visiblement ?

Pour vous sans doute, mais l'autre ne le voit pas car c'est le fait des égocentriques de considérer que le monde entier est composé d'égocentriques qui se liguent pour faire autre chose que de passer tout leur temps à satisfaire leurs caprices !

Au fond, si on se contentait d'être élégant, démocratique et juste dans un couple, comme on le serait avec son meilleur ami ou avec son enfant, en un mot si on aimait d'amour vrai, et pas juste pour quelque gymnastique vite triste, on éviterait bien des contrariétés, et les pactes amoureux seraient facilement conclus et presque toujours respectés de gaîté de cœur.

Parce que le cœur en aurait décidé.

Et que c'est le meilleur arbitre.

Quand le cœur de l'autre est de la partie, s'entend.

Sinon, c'est le commencement de la fin. Du bonheur à deux.

Car un seul est heureux.

Parlons quand même des petits pactes amoureux de la vie à deux.

Malgré l'égalité des sexes, par exemple, il ne me viendrait pas à l'idée – et ça ne m'est jamais arrivé en 14 ans – de demander à D. de sortir les poubelles ou de mettre les pneus d'hiver dans le coffre de la voiture pour le changement semestriel.

Je ne le lui aurais pas demandé quand je tentais de la séduire, je ne le fais pas plus depuis que je l'ai séduite, si tant est que pareille chose existe de manière définitive.

Et j'apprécie qu'elle ne me prenne pas pour un homme rose et ne me demande pas, par exemple, d'aider Julia à choisir son maquillage ou friser ses cheveux.

Je ne refuse par contre jamais de faire la cuisine et je propose souvent spontanément mes services. Je dispose d'un choix fort restreint de « recettes » (c'est mon arme secrète pour m'en sortir !), essentiellement des sandwichs, des hamburgers, des salades (de thon ou de saumon en général), des omelettes, des spaghettis, dont un spaghetti à l'ail que j'ai servi à nos débuts à D. et qui l'a charmée : fallait-il que le désir soit fort pour faire fi de notre haleine d'ail !

D'ailleurs, quand les gens me demandent (ou demandent dans des questionnaires ou des tests) ce qui pour moi est le sommet de l'érotisme, je réponds spontanément : la réciprocité du désir. Il n'y a rien de mieux, surtout si elle dure. L'ail ne peut rien contre elle.

J'aime manger au restaurant, à l'hôtel, j'aime me faire servir, comme tout le monde, mais je prends aussi plaisir à servir : la famille, les amis, Juju et ses copines. Et ce n'est pas parce que ma contribution financière au ménage est plus importante que celle de D. que j'estime qu'elle doit me servir.

Et puis mon travail est si intellectuel, si exigeant, que je considère souvent comme une sorte de méditation fort bienvenue les gestes simples du cuisinier même limité que je suis. J'essaie de m'y appliquer, et surtout de ne pas penser au roman en cours. Pourtant, bien souvent, en récompense de ma « gentillesse » culinaire, des idées me viennent spontanément – et souvent fort bonnes –, lorsque ce n'est pas la solution inattendue et miraculeuse d'un problème qui me chiffonnait depuis des heures.

Autre pacte à établir : qui fait le ménage ?

C'est une question si vaste que j'y consacrerai le chapitre suivant !

17

QUI FAIT LE MÉNAGE QUAND…
ON SE MET EN MÉNAGE ?

Question complexe, quasi mystérieuse, que le ménage !
Je vous fais d'entrée de jeu un aveu pas très avantageux pour moi, autre preuve de ma « paresse » proverbiale : même jeune, même romancier fauché, et Dieu sait que je l'ai longtemps été, je me soignais : j'avais une femme de ménage, si bien que mes visiteurs s'étonnaient de la propreté de mon appartement. Remarquez, je ne les laissais pas visiter mon bureau, qui n'était jamais sale mais presque toujours en désordre, un véritable capharnaüm, pour mieux dire.

Un jour, j'ai été cambriolé. Le policier arrive pour faire le constat, note les appareils qui ont été volés et quand il arrive dans mon bureau, frappé par le désordre, il s'exclame : « Ils ont tout saccagé ! » Et moi, je me suis contenté d'abonder dans son sens, d'écarquiller les yeux, comme si j'étais atterré et de dire : « Oui. »

Je me soignais donc. Je préférais, pour pouvoir retenir les services d'une femme de ménage, me priver d'autres choses, que je trouvais pour la plupart inutiles ou en tout cas moins importantes que ma liberté d'écrire : je n'ai guère changé à ce chapitre.

Aussi, lorsque je commençai à habiter avec H., ce fut pour moi une grande cause d'étonnement – et aussi de chagrin – lorsqu'elle me dit que nous n'avions plus besoin de ma femme de ménage qui était à mon service depuis près de dix ans, me faisait même des repas, lavait mon linge, le repassait.

Ce n'était pas pour une question d'argent, parce qu'elle voulait faire des économies, mais parce qu'elle estimait que ce serait une « activité amusante à faire à deux ». Bon. Je ne partageais évidemment pas son avis, mais je n'eus d'autre choix que de me défaire de ma fidèle femme de ménage qui me quitta le cœur gros.

Dans une de ses innombrables lettres, Freud écrit : « Je commence à croire que tout acte sexuel est un processus dans lequel quatre personnes se trouvent impliquées. »

Lorsque je tombai par hasard sur ce passage, longtemps après m'être séparé de H., je me rendis compte que Freud aurait pu dire la même chose de la vie à deux : elle est un processus dans lequel quatre personnes sont impliquées, et probablement plus encore. Plus particulièrement dans la vie moderne où il y a non seulement les parents qui font partie de l'équation mais aussi les ex, surtout lorsqu'il y a des enfants dans le portrait.

Car je pensai que les adorables parents de H., qui du reste la vénéraient quasiment, n'avaient jamais eu d'aide ménagère. Elle craignait peut-être de les froisser par ce « luxe » inutile. Ne se sentiraient-ils pas moins bien qu'elle, et donc diminués par notre « snobisme » ménager ?

Le rapport que les gens (je devrais plutôt dire les femmes !) ont à l'entretien de leur maison est souvent singulier. Ainsi, que croyez-vous que fait ma mère de 84 ans, aux jambes percluses d'arthrite, avant que n'arrive sa femme de ménage ?

Eh oui ! vous l'avez deviné : elle... fait le ménage !

J'ai eu une discussion avec elle à ce sujet, parce que les soins qu'exige mon père, malgré la présence continuelle d'une dame de compagnie, l'ont conduite au bord de l'épuisement.

— Je ne veux quand même pas qu'elle pense que je suis une femme malpropre ! m'a-t-elle expliqué, outrée par ma question.

— Mais maman, tu l'engages précisément pour nettoyer la maison !

— J'ai ma fierté !

Je n'en doute pas, mais ça me chagrine, bien sûr, parce que sa fierté contribue à son épuisement.

Le mystère de l'esprit humain...

Pourquoi ne pas lâcher prise, surtout à un âge aussi avancé, pourquoi être incapable de déléguer complètement ? Pourquoi continuer de vouloir faire ce que pourtant on n'est plus obligé de faire ?

Pauvre petite mère (c'est ainsi que je l'ai toujours appelée), pourquoi ne prends-tu pas une pause, pourquoi ne laisses-tu pas à d'autres ces tâches épuisantes et quand même pas si fascinantes ?

Tu le mérites, après tout.

Ne faut-il pas un jour accepter avec modestie et aussi, bien sûr, soulagement, et pourquoi pas grande joie, de « poser son tablier », pour se contenter de regarder ses roses pousser, ses enfants et petits-enfants grandir, surtout lorsqu'on est fatigué ?

L'autre soir, nous étions une bonne dizaine à souper chez elle. Mon neveu Laurence avait apporté un immense sac de frites de chez *Frites alors !* Plutôt chouette, non ?

Pourtant, ma mère a insisté pour préparer ses propres frites. J'ai protesté : « Mais maman, pourquoi te donnes-tu cette peine ? »

— Nous allons en manquer !

— Mais non, maman, D. n'en mange pas, moi non plus et tout le monde est au régime *anyway* ! Il va en rester au moins la moitié.

— Non, a-t-elle objecté, intraitable, et de toute manière les miennes sont bien meilleures !

J'ai voulu protester, irrité, mais je n'ai pas pu. Je n'ai pas pu parce que j'étais tout à coup submergé par un souvenir, et l'émotion qui le suivait comme son ombre.

C'est qu'en observant ma mère se hâter (pour ne pas faire attendre ses « clients » impatients) de couper les pommes de terre comme elle l'avait toujours fait, mais seulement avec ses mains moins sûres, ses mains toutes tavelées par l'âge, un souvenir d'enfance me revint : c'était un vendredi, j'avais huit ans, et ma mère, comme tous les vendredis ou presque nous annonçait, à mes sœurs et moi, qu'elle avait fait cuire du poisson et, cette semaine-là, préparé des frites, et nous sautions de joie. Des frites coupées *exactement* comme celles que j'avais devant moi, et qui seraient cuites dans une huile dont le surplus serait épongé de la même manière.

Et je pensai que c'était sa poésie à elle, de faire des frites. Comme Voltaire qui a dit : « Je m'arrêterais de mourir, s'il me venait un bon mot. » et Bach qui, dit-on, composait encore sur son lit de mort, petite mère ne voulait cesser d'exercer son art, de faire sa poésie. Une poésie qui était réussie, si on y pense, et complète aussi car comme toute poésie digne de ce nom, elle nous avait fait pousser des cris de joie (jeunes) et elle m'arrachait presque des larmes, ce soir-là.

Et je pensai que si elle voulait ainsi poursuivre son sacerdoce, c'est que, elle, elle n'avait peut-être jamais oublié la joie que nous avions, enfants – après tout nous sommes encore ses... enfants ! – quand elle nous préparait des frites, et elle voulait que ça dure, que ça se poursuive, même si elle voyait bien que nous étions moins enthousiastes, que d'une certaine manière, nous étions plus vieux qu'elle !

Dans ses admirables *Pensées*, Pascal écrit à peu près ceci : « J'avais une idée, je l'ai oubliée, je note que je l'ai oubliée. » De la même manière, je dis : « J'ai eu une émotion, je ne l'ai pas exprimée (devant ma mère), je note que je ne l'ai pas exprimée. »

Peut-être pour me rappeler de ne pas me montrer dur avec ma mère la prochaine fois qu'elle fera des frites qui me paraissent inutiles! Et qui d'ailleurs ne le furent pas car ses frites eurent plus de succès que celles de *Frites alors!*

Peut-être aussi pour me rappeler que si je fais souvent l'erreur d'être dur avec les gens, de ne pas les comprendre et, même, de trouver leur comportement aberrant ou à tout le moins bizarre, c'est parce que je ne comprends pas leurs véritables motifs, que leur agenda caché m'échappe.

Il est si difficile de s'arracher à son égoïsme fondamental, de faire *vraiment* un mille, et même seulement dix pas dans les souliers de l'autre.

On passe sa vie à voir les motifs des autres avec ses propres lunettes, si bien qu'on ne comprend presque jamais pourquoi ils veulent si obstinément « faire des frites » alors qu'il y en a déjà assez pour tout le monde !

Mais de quoi vous entretenais-je avant l'épisode des frites ?

Ah oui, du ménage et de ses mystères !

Vous, continuez-vous de faire le ménage avant que la femme de ménage n'arrive ?

Chose certaine, rares sont les hommes qui ont ce zèle ménager.

Toutefois, il y en a. Une lectrice m'a raconté un cas étonnant, du moins pour moi. Une de ses amies avait un petit ami. Ce petit ami était non seulement fort propre de sa personne, mais son appartement aussi était impeccable. Or il n'avait pas de femme de ménage. Allumée par ces signes encourageants, se disant qu'elle ne serait pas constamment obligée de passer derrière lui pour le « ramasser », cette jeune femme accepta d'aller vivre avec lui. Rapidement, elle découvrit que, ô horreur !, il lui était tout à fait impossible de passer l'aspirateur. Son copain était un véritable maniaque de l'Électrolux, qu'il avait d'ailleurs payé à fort prix et dont il était presque aussi fier que de sa voiture !

Un peu curieusement, au lieu d'applaudir devant le zèle de son petit ami, elle se hérissa : elle avait perdu le contrôle du ménage de leur condo ! Question de territorialité, peut-être. Elle réagissait sans doute un peu comme ma mère, même si elle était une femme de carrière qui gagnait fort bien sa vie par ailleurs. Elle se moquait, ou en tout cas trouvait la chose acceptable lorsqu'elle ne vivait pas avec lui, mais là, non, c'était inacceptable.

Au bout de six mois, même s'ils avaient acheté l'appartement où ils vivaient ensemble, et que donc leur projet de vie à deux était sérieux, ils se séparèrent.

Curiosité de l'esprit humain.

Du cœur aussi, bien entendu.

Je m'empresse de préciser que je ne raconte pas cette anecdote pour dissuader les hommes de participer aux travaux ménagers. Bien au contraire.

Juste pour montrer que… chacun son petit bonheur !

Et les raisons de malheur – et de séparation – sont infinies.

Ce qui pour un couple est un remède pour l'autre est un poison.

Mais voici quelques conseils pour l'homme démocratique qui veut passer l'aspirateur pour soulager sa femme d'une des corvées ménagères et peut-être parce qu'il sait qu'une des choses qui prédisposent le plus les femmes à l'amour (je veux dire érotique), c'est qu'il participe régulièrement aux corvées ménagères. Par contre, si votre femme est déjà très portée sur la chose et que vous espérez quelque répit, mollo sur l'aspirateur !

1. L'homme peut passer l'aspirateur, mais il ne faut pas qu'il ait l'air d'y prendre un plaisir excessif. Il est déconseillé qu'il siffle ou chante ce faisant, ça a l'air contre-nature, et surtout, sa femme pourrait croire que son bonheur a une origine coupable : il pense sûrement à une autre femme,

qui justement va lui rendre visite dans une heure (d'où son zèle sur l'aspirateur!) parce qu'elle, sa femme, sera partie à son souper de filles à l'évocation duquel il n'a pas pesté comme il le fait si souvent! Elle l'annule d'ailleurs ce souper: il la prend pour qui, son conjoint, une nouille ou quoi? Elle ne le lâche pas d'une semelle de toute la soirée, le suit même au petit coin, lui subtilise son cellulaire, lui offre café, tisane, thé vert, thé noir, thé blanc, chips, peanuts, bretzels. S'il s'assied hypocritement à son ordi, c'est dans le but évident de décommander par courriel cette femme qui doit venir rassurer son stupide ego: il est en garde à vue, même si son seul crime est d'avoir passé l'aspirateur le sourire aux lèvres: sport dangereux en somme. Cœurs sensibles, vous abstenir!

2. L'homme ne doit pas avoir l'air torturé ou maniaque en passant l'aspirateur, et si ses yeux sont vitreux, il est préférable qu'il chausse mine de rien des verres fumés fort opaques: des Ray Ban à la Tom Cruise feront parfaitement l'affaire!

Il ne doit surtout pas avoir l'air de la version masculine de Lady Macbeth qui se lavait constamment les mains pour avoir poussé son mari à occire son roi de frère. Car alors sa femme, aussi soupçonneuse qu'imaginative, croira peut-être qu'il ne dit jamais non à l'Électrolux, pas par gentillesse démocratique, mais pour tenter d'exorciser par sa propreté excessive quelque meurtre commis dans le passé sur la personne de son ex dont par miracle il ne lui parle jamais, à croire qu'il n'en a jamais eu, ce qui est invraisemblable car il sait faire au lit des choses qu'un homme ne peut avoir apprises qu'avec une femme.

3. L'homme doit idéalement prendre une mine neutre, ni trop heureuse (ce qui est suspect, comme on a vu), ni trop frustrée, sinon il a l'air d'une victime, d'un mari maltraité et sa femme va finir par lui arracher l'odieux aspirateur des mains tant le spectacle de son martyre la désole et la révolte tout à la fois! Et elle est craintive aussi, elle a peur que sa mère, qui arrive toujours sans s'annoncer, surprenne son gendre l'aspirateur à la main, pauvre victime des stupides idées féministes de sa fille. « Ensuite s'il te quitte pour une vraie femme qui a la fierté de passer elle-même son aspirateur et de ne pas humilier son mari avec une tâche aussi dégradante, tu viendras pleurer dans mon tablier! » Tâche dégradante: pour l'homme, pas pour la femme! Charmant, maman! Mais vous lui dites seulement « Oui, maman ». Bien souvent, il vaut mieux dire oui à sa mère, même quand on pense non. Il serait trop long de lui expliquer pourquoi, on n'a pas autant de génie et d'expérience qu'elle. Ça me rappelle une confidence d'une lointaine amie. Elle disait à qui voulait l'entendre: « C'est plus long d'expliquer à mon mari pourquoi je n'ai pas envie de faire l'amour que de le faire. Alors je le fais! »

Ces conseils capitaux étant prodigués, je veux préciser que ce n'est pas tant le fait que l'homme passe ou non l'aspirateur qui irrite les femmes.

C'est surtout de devoir « passer derrière son homme » pour ramasser ce qu'il laisse traîner naturellement – bobettes, bas, t-shirts, serviette humide, etc. –, sans s'en rendre compte surtout s'il a...

1. toujours vécu seul...

2. vécu avec un ou deux copains qui lui ont donné le mauvais exemple ou simplement ne lui ont pas permis de voir à quel point ses habitudes étaient mauvaises...

3. n'a jamais vécu ailleurs que chez ses parents...

Faites un petit pacte au sujet du ménage, ou encore, Messieurs, faites chaque jour comme si vous receviez pour la première fois votre dulcinée et que vous vouliez l'impressionner par votre sens de l'ordre – même inexistant ! Ou alors faites plus d'argent et engagez une aide ménagère (quelle jolie expression !) à temps plein ! Non seulement votre partenaire vous en sera-t-elle reconnaissante, mais encore elle vous offrira peut-être des faveurs inédites.

Le petit pacte n'a pas besoin d'être consigné par écrit pourvu qu'il soit suivi. Ça évitera aux femmes de dire, et trop souvent avec raison, que depuis qu'elles vivent à deux, elles ont... deux fois plus de travail !

P.-S. : Dernier détail. Les femmes s'irritent souvent que les hommes oublient de rabaisser la lunette des W.-C. Je suis d'accord, c'est agaçant et ça peut être contrariant, la nuit, de s'asseoir dans un trou béant, et c'est dommage d'éclabousser d'eau froide des fesses aussi satinées que les vôtres. Mais il ne vous est jamais venu à l'esprit, Mesdames, de nous rendre la politesse en relevant la lunette après usage ? Ou encore, que les deux conviennent de refermer lunette et couvercle chaque fois : ça fait plus élégant, non ?

P.P.-S. : J'ai une amie, un peu autoritaire, pour ne pas dire autocratique, qui a voulu résoudre ce problème *manu militari* : chez elle, elle oblige les hommes à uriner assis. Mais depuis quatre ans... elle vit seule, son décret n'ayant pas provoqué de ruée aux portes... des W.-C. !

18

COMBIEN DE « JOBS » A VOTRE FEMME ?

Malgré ses bienfaits indéniables, la libération de la femme a eu des effets pervers.

Les femmes modernes en effet ont troqué le tablier contre le tailleur mais doivent en général le remettre en quatrième vitesse lorsqu'elles reviennent à la maison. Les hommes en sont responsables, qui ne semblent jamais avoir avalé tout à fait l'indigeste dragée de l'émancipation féminine. Avec comme déplorable résultat que les femmes ont pour la plupart deux emplois : leur « vrai » job, et l'autre, tout aussi exigeant : l'éducation des enfants. Sans compter bien souvent la tenue (solitaire) de la maison.

Ça fait trois jobs en fait !

Il est temps que les hommes fassent leur part, qu'ils ne fassent pas seulement semblant de la faire pour se donner bonne conscience, s'ils veulent des compagnes qui ne soient pas des femmes au bord de la dépression nerveuse, s'ils veulent des compagnes dont on ne soit pas condamné à dire qu'on ne leur déride pas facilement les fesses. Quand leur grand fantasme au sujet d'un lit, c'est de pouvoir s'y vautrer de sommeil, Casanova peut repasser, surtout s'il n'a pas aidé à la vaisselle ou au bain des enfants !

Le vrai amour, comme dit Albert Cohen dans son si beau roman *Le livre de ma mère* : « Veux-tu que je te dise, c'est l'habitude, c'est vieillir ensemble. Tu les veux avec des petits pois ou avec des tomates, les boulettes ? »

C'est aussi, c'est surtout, pour les hommes, de demander aux enfants, au moins un soir sur deux, s'ils « veulent des petits pois ou des tomates » (ils choisiront des tomates !), donc de faire la cuisine. C'est la moindre des politesses dans un couple démocratique : et ils devraient tous l'être !

La maman épuisée doit pouvoir se prélasser dans un bon bain chaud et lire un bon roman !

Il faudrait aussi que, d'office, la femme qui reste à la maison pour élever les enfants ait droit à « ses samedis ».

C'est un travail à temps plein, de rester à la maison, d'autant que la femme se tape souvent comme complément la comptabilité du couple, le paiement des factures, l'épicerie, les réparations, le budget, le taxi pour les enfants, les visites chez le dentiste, le pédiatre, le vétérinaire pour le chien ou le chat et autres tâches « poétiques ».

Donc, ce n'est pas juste que seul le mari, fatigué par sa semaine, ait le droit, le samedi, de se sauver au golf ou au gymnase.

Simple bon sens amoureux, il me semble.

Lorsqu'on vit seul, l'ennui nous guette et on devient souvent morose : on ne peut guère exercer toutes ses facultés, entre autres son instinct agressif ni son sentiment de supériorité, sa volonté de tout contrôler, parce qu'on n'a personne à engueuler, à réprimander, à accuser de ses malheurs – petits et grands – ou de ses erreurs.

Personne avec qui partager ses états d'âme en somme.

Alors on cherche par tous les moyens à se mettre en couple.

Et aussitôt passée la lune de miel, on peut céder à ce que j'ai appelé « le complexe accusatoire ».

19

GRANDE NOUVELLE :
CE N'EST PAS TOUJOURS L'AUTRE QUI A TORT !

Quand on vit à deux, je ne sais pas pourquoi, on a souvent tendance à accuser l'autre.

Non pas de tous les maux.

Mais de plusieurs.

Et de plusieurs qui n'ont rien à voir avec lui.

Est-ce pour épargner son ego ?

Pour justifier sa mauvaise humeur, ses manques, ses erreurs, son ennui ? Ou pour expliquer les fameux cinq kilos de trop qu'on doit perdre et dont l'autre est responsable parce qu'il est accro aux restos ou un véritable cordon bleu – et comme on veut lui faire plaisir, on cède aux plaisirs de la table et on se tape les kilos si disgracieux.

Oui, quand on vit à deux on devient souvent juge, et juge injuste.

Ça va parfois très loin.

Une lectrice qui lisait ce manuscrit me confia que son ex, un joueur compulsif, violent et alcoolique (joli trio, presque aussi létal que celui de MacDo !), attribuait sa malchance avec les machines à jeu à sa mauvaise humeur… à elle !

« Si tu arrêtais d'afficher cette gueule d'enterrement, la machine se mettrait à cracher ! », décrétait-il avec cette logique de paumé qui nous fait dresser les cheveux sur la tête.

Il m'arrive souvent, avec D., de lui faire des reproches, pas à cause de mes déboires de joueur, parce que je ne joue pas, enfin pas à ces jeux-là, mais pour des petites choses, surtout lorsque je suis fatigué et que, par conséquent, je suis « en-dessous de moi-même », de mon moi habituel, qui est égal, et agréable – du moins je me plais à le croire !

Je vous en donne un exemple.

Pour simplifier ma vie, je dépose toujours mes clés au même endroit, sur la crédence du hall d'entrée. Je me demande d'ailleurs pourquoi tout le monde ne fait pas la même chose : on évite tant de contrariétés et de pertes de temps !

Mais un jour, curieusement, mes clés avaient disparu !

Ce n'était vraiment pas le bon moment : j'étais déjà en retard pour un rendez-vous très important avec une journaliste fort influente dont la prose, si elle était édifiante, pouvait me valoir un succès de librairie immédiat.

Je me suis dit : « J'ai dû les laisser par distraction sur le comptoir de la cuisine après y avoir posé les sacs d'épicerie ! »

Mes clés n'étaient pas là.

J'ai pensé, en me frappant le front, comme un idiot qui comprend enfin comment faire une règle de trois : « Mais oui, évidemment, c'est D., que je suis bête ! Elle ne trouvait pas ses clés et elle a pris les miennes sans me les demander de crainte que je les lui refuse pour cause de rendez-vous urgent ! »

Comme on a la condamnation facile dans un couple ! Je me suis empressé d'appeler D. sur son cellulaire et j'ai entendu une voix désagréable me dire : « L'abonnée que vous tentez de joindre n'est pas disponible en… » J'ai raccroché avant d'entendre la fin de ce message insupportable. J'ai pesté. Pourquoi avoir un cellulaire si on le laisse fermé! N'est-ce pas précisément le but d'un cellulaire de pouvoir être joint en tout temps, surtout par son conjoint? Surtout par son conjoint dont on a pris subrepticement les clés sans les lui demander!

Je rappelle, et comme je me tape à nouveau la navrante récitation « L'abonnée que vous tentez de… », je me dis, je vais lui laisser un message, pas trop colérique, tout de même, parce qu'elle avait peut-être de bonnes raisons de m'emprunter mes clés. Remarquez, tout le monde a toujours de bonnes raisons, même les assassins!

D. ne savait peut-être pas que, dans une demi-heure, j'avais un rendez-vous très important avec une journaliste… Pourtant, je le lui ai dit ce matin! Ou plutôt j'ai *voulu* le lui dire mais à la dernière minute, je me suis ravisé, un peu curieusement, ou en fait pas si curieusement que ça : la journaliste est ravissante en effet. Ce n'est pas un rendez-vous galant. Cependant, si D. m'avait demandé, avec son sixième sens de sorcière, qui était cette journaliste et si elle était jolie, j'aurais bien été obligé de dire la vérité, et alors elle m'aurait posé d'autres questions, et nous en aurions eu pour toute l'avant-midi!

Par contre, elle n'aurait pas osé m'emprunter mes clés sans ma permission à moins que, peut-être que oui, pour me faire manquer ce rendez-vous. Mais non, elle n'est pas comme ça, et donc au fond j'aurais dû lui parler de ce rendez-vous et même si elle m'avait posé des questions, je n'ai rien à cacher! Ah! ce que les femmes peuvent être compliquées!

Je n'ai pas pu lui laisser de message urgent parce que j'ai entendu une autre voix aseptisée me dire : « Désolée, il n'y a plus de place sur la boîte vocale de l'abonnée… »

Franchement, elle pourrait faire un effort!

C'est une chose – déjà fort désagréable pour les autres – de ne pas ouvrir son cellulaire, mais si en plus elle ne vide pas sa boîte vocale ! Ça donne quoi d'avoir un cellulaire !

Bon, restons calme ! C'est mon métier de dire aux gens de prendre la vie du bon côté, non ? Je me regroupe par quelque savante respiration zen, et j'ai une illumination, me frappe à nouveau le front : « Mais oui, je sais où sont mes clés ! »

J'ai dû les jeter par erreur dans la poubelle, parce que j'ai décidé de faire un petit ménage dans ma voiture en arrivant à la maison : vieilles enveloppes, journaux, bouteilles d'eau vides qui jonchaient le plancher. Sourire aux lèvres, je me précipite vers la poubelle. Je perds vite mon enthousiasme en soulevant le couvercle. Une odeur nauséabonde s'élève dans les airs.

Je referme, prends une grande respiration, retiens mon souffle, et me livre à une exploration rapide des sacs vides. Je fais chou blanc : pas de clés !

Je rentre bredouille, irrité, exécré, me disant que, franchement, D. ne se rend pas compte mais alors là pas du tout dans quelle fâcheuse situation son étourderie me met : je vais devoir prendre un taxi qui va me coûter les yeux de la tête et qui de surcroît va me mettre en retard !

Je me lave les mains, et en les essuyant, l'intérieur de mon avant-bras heurte un objet dont la présence me paraît curieuse dans le débardeur à double poche que je porte souvent pour écrire.

Le sourcil arqué d'étonnement, je fouille ma poche gauche et me rends compte, honteux, que… mes clés s'y trouvent ! Je les y avais mises distraitement avant de faire le petit ménage de ma voiture, pour ne pas les jeter avec les déchets dans la poubelle comme ça m'est arrivé quelques fois dans le passé !

Les romanciers sont souvent distraits, que suivent partout leurs personnages !

Je me précipite dans ma voiture, démarre au moment même où mon cellulaire sonne. Ce doit être ma femme à qui je dois des excuses ! Non, en fait, je ne lui dois rien car je n'ai pas pu lui laisser de message et elle ne sait rien de l'inutile colère qu'elle a provoquée en moi pour une faute qu'elle n'a pas commise !

C'est la journaliste qui m'annonce qu'elle sera en retard d'une demi-heure !

Je raccroche. Comme il arrive si souvent dans la vie, je m'en suis fait pour rien, et j'ai accusé injustement quelqu'un d'autre de mon malheur. En ce cas D.

J'ai alors un fou rire : je ris de la situation, je ris de moi.

Rire de soi est souvent le commencement de la sagesse, non ?

Et je me répète que je devrais respecter ce pacte amoureux de tourner sept fois ma langue dans ma bouche avant de jeter le blâme sur l'autre.

D'autres pactes amoureux ?

Oui, bien sûr, et un des plus importants car il concerne les enfants.

20

« LA VIE EST BELLE, PAPA... »

Il y a quelques années, je rentrais à la maison avec ma fille Julia. Elle n'avait que 6 ans à l'époque. Elle vient d'en avoir 12 ! Comme le temps passe vite, ça m'affole juste d'y penser !

J'ai l'impression que, hier encore, je la conduisais à la garderie, lui lisais *Alice au pays des merveilles* et devais lui tenir la main pour traverser la rue, obligation délicieuse, s'il en est.

La semaine dernière, lorsque je lui ai demandé si elle avait envie d'écouter un film avec moi, comme nous l'avons fait tant de fois, elle a haussé les épaules, en s'exclamant avec une moue ironique : « Ben voyons, papa ! »

Traduction : « Quelle insanité viens-tu de proférer, papa ! » Écouter un film ensemble, c'est déjà un plaisir démodé, du moins pour elle. Julia m'enseigne le détachement. Mais je ne suis pas toujours bon élève !

Nous habitions à l'époque Notre-Dame-de-l'Île-Perrot, une jolie maison de brique grise à laquelle je pense parfois car nous y avons coulé des jours heureux.

L'autre jour, cédant à un élan de nostalgie, je suis passé devant et je me suis rendu compte, effaré, que ma modeste roseraie, que j'avais quittée avec regret (j'avais même pensé l'emporter !), s'était volatilisée ! Les nouveaux propriétaires l'ont rasée et remplacée par une banale pelouse ! Ils ont aussi supprimé une élégante arche naturelle en cèdre, que je taillais amoureusement chaque automne.

De crainte de faire quelque autre navrante découverte, j'ai rebroussé chemin à toute vitesse, le cœur gros, je l'avoue ! La maison ne m'appartient plus, je n'ai plus voix au chapitre, les nouveaux propriétaires peuvent bien construire – ou démolir ! – ce qu'ils veulent, d'autant que les roses, qu'elles soient roses, blanches ou mauves, sont toujours plus exigeantes que la pelouse, à qui il suffit d'afficher sa parfaite verdeur et son absence de mauvaises herbes : c'est le grand idéal banlieusard ! Quand même, faut-il éliminer toute beauté, toute poésie de notre vie dès qu'elle exige un peu de soins, un peu de notre précieux temps ?

Je vous signale au demeurant que je me suis refait une roseraie à ma nouvelle demeure, à Beaconsfield. C'est une des premières choses que j'ai accomplies en aménageant, avant même de suspendre mes tableaux. D'ailleurs, n'agit-on pas constamment ainsi, ne « refait-on pas toujours sa roseraie », peu importe où l'on va et avec qui on y va ?

J'ai besoin de roses dans ma vie, comme d'autres de voitures, de bordeaux ou de dépôts à terme. C'est mon Prozac à moi, ma vitamine C, ma commode police d'assurance contre certaines laideurs de l'existence.

Nous revenions donc à la maison, ma fille et moi. Nous longions le lac Saint-Louis, le soleil se couchait, à main droite au fond des champs : c'était magnifique.

Les feuilles mortes, rouges et jaunes, virevoltaient sur le chemin, soulevées par un fort vent. Julia semblait ravie de ce spectacle et souriait de ses belles lèvres roses et douces comme l'enfance.

Nous nous taisions depuis quelques minutes quand Julia, sans crier gare, a rompu le silence pour me faire une confidence.

Elle m'a avoué de sa voix musicale :

— La vie est belle, papa.

Ça m'a pris par surprise. Non pas parce que je la croyais malheureuse, mais c'était si spontané. Je me suis dit : « Elle doit bien le penser, elle doit être heureuse. »

Pourtant, estomaqué, j'ai été incapable de lui répondre, comme devant quelque chose de trop beau, de trop doux, et j'ai évité de la regarder parce que mes yeux devenaient humides et que nous, les hommes, nous n'aimons pas montrer nos sentiments aux femmes, même lorsqu'elles n'ont que six ans !

Dans mon silence ému, j'ai pensé : « Je ne sais pas ce que l'avenir lui réserve (on ne le sait jamais), je ne sais pas combien d'années encore elle sera préservée des dures réalités de la vie, mais je peux au moins me dire que, en ce moment, elle trouve que la vie est belle. »

Moi aussi.

Ce qui semble une sorte de crime aujourd'hui.

Chose certaine, on me taxe souvent de naïveté, on me dit que je vis dans ma bulle.

Peut-être.

Mais n'est-ce pas mieux – et en tout cas beaucoup plus rare et par conséquent plus original – que de broyer du noir (ce qui est une autre bulle, mais moins confortable !), comme font la plupart des gens, la plupart du temps ?

À telle enseigne que c'en est presque devenu leur religion et que tous ceux qui s'écartent de leur credo sont des rêveurs ou des idiots ?

Je sais bien qu'il y a aussi dans la vie des choses pas très drôles, des choses carrément laides, des choses douloureuses, des épreuves, des déceptions, des problèmes d'argent, des faillites même, des trahisons, des accidents, la maladie, la mort des êtres chers, de ses parents, parfois de ses enfants, et bien sûr sa propre mort au bout du chemin, en tout cas du chemin de *cette* vie. Mais faut-il baisser les bras pour autant, se tirer tout de suite une balle dans la tête ?

Je préfère voir la vie en rose, car il y a tant de beautés, tant de beautés en ce monde, souvent invisibles hélas parce que nous sommes aveugles, parce que nous sommes obnubilés par notre petit moi et ses malheurs, par nos obligations, nos problèmes et nos soucis souvent purement imaginaires ou par nous engendrés.

Je continuais de conduire, ému, je ne disais rien, je me contentais de sourire, et la phrase surprenante de Juju résonnait dans ma tête : « La vie est belle, papa… »

Je ne disais rien, parce que nous, les hommes (et d'être un auteur bavard n'y change rien !), noud ne raffolons pas de parler des choses sérieuses, des choses importantes, comme les sentiments et les serments, et nous avons le talent, quand vient le temps, de ne pas répondre à la question, de changer de sujet. Mais voici ma réplique, Juju, avec un petit retard de… six ans : mieux vaut tard que jamais ! Tu ne pourras me reprocher de ne pas avoir réfléchi avant de parler !

Je suis d'accord avec toi, ma chérie !

Je suis d'accord non seulement parce que tu le dis, mais aussi… parce que c'est vrai !

Essaie de ne pas oublier cet état que tu évoquais à six ans et qui, je le sais, ne t'a pas encore quitté, à la veille de l'adolescence.

Essaie de t'en souvenir comme d'un merveilleux million de dollars que tu aurais déposé, jeune, dans un compte en banque idéal et dans lequel tu pourras venir puiser aux heures plus sombres, inévitables en toute existence…

Et si un jour tu oublies cet état de grâce de l'enfance, eh bien, relis ce livre que j'écris un peu pour toi, pas pour tout de suite, bien sûr, mais pour plus tard, quand je ne serai plus là et que tu en auras peut-être besoin parce qu'un idiot t'aura fait une vacherie, ça s'est déjà vu !

On perd si vite son enfance !

On perd si vite le *bonheur* de son enfance, l'innocence et la liberté d'esprit, l'insouciance surtout, et il est si difficile de retrouver cet état : quand on y parvient, ça s'appelle le génie ou l'éveil spirituel.

En me lisant, Julia, tu verras l'amour que j'ai eu pour toi. Il est comme Dieu pour Pascal.

Pascal, pas le petit rouquin d'en face, mais le mathématicien. Dieu pour lui, c'était un cercle dont le centre est partout, la circonférence nulle part. Ça veut dire, en simple, que c'est *big*, mon sentiment pour toi, ou pour mieux dire GÉANT pour user des mots de ta génération, excuse mon langage démodé.

Si Julia a pu me faire cet aveu si touchant, c'est, je crois, que je *passe beaucoup de temps* avec elle. (Sa mère aussi, bien entendu.)

On peut tenter de se leurrer en prétendant qu'on passe du temps de qualité avec ses enfants, mais je crois qu'ils ne sont pas dupes : pour eux, les absents ont toujours tort ! Il faut se le tenir pour dit.

À mon avis, l'un des premiers pactes que les futurs parents devraient conclure entre eux, c'est de passer du vrai temps avec leurs enfants, pas juste du temps de qualité.

Même si parfois ils ont envie d'être ailleurs, avec des amis, leur partenaire, ou seul.

Je sais, bien sûr, qu'il y a des périodes de la vie où l'on ne peut pas tenir ses résolutions, où l'on doit mettre les bouchées doubles ou triples au travail. Cependant, il ne faut pas se laisser leurrer par son affairisme qui pousse à privilégier ses clients aux dépens de ses enfants.

Ses clients...

Mots magiques qui justifient tous les manquements, tous les débordements.

— Le petit s'est frappé la tête, je pense qu'il fait une hémorragie interne ! dit la mère affolée.

— Je suis avec un client ! répond le père.

— Oh, excuse-moi de t'avoir dérangé pour une connerie pareille, mon chéri !

Il faut donc passer du temps avec ses enfants… Pourquoi ?

Pas juste parce qu'un enfant qui est élevé par un singe oublie qu'il est un homme et devient un singe.

Mais pour ne pas que le futur Mozart ou le futur Victor Hugo, ou simplement un excellent médecin ou homme d'affaires se contente de gratter du papier dans un bureau obscur parce que ses parents n'ont pas eu le temps de s'occuper de lui, trop pris par leurs sacro-saints clients ou leur ordi.

Le pacte amoureux au sujet des enfants est d'autant plus important quand survient entre les parents cette chose triste et souvent nécessaire : la séparation…

21

DES ENFANTS, C'EST POUR LA VIE !

Dans *Baudelaire*, Sartre écrit ces lignes magnifiques, qui devraient interpeller tout parent même si son enfant n'écrira jamais *Les Fleurs du mal*.

« Lorsque son père mourut, Baudelaire avait six ans, il vivait dans l'adoration de sa mère ; fasciné, entouré d'égards et de soins, il ne savait pas encore qu'il existât comme une personne, mais il se sentait uni au corps et au cœur de sa mère par une sorte de participation primitive et mystique ; il se perdait dans la douce tiédeur de leur amour réciproque ; il n'y avait là qu'un foyer, qu'une famille, qu'un couple incestueux. »

Jusque-là, pas de problème, mais il ajoute : « En novembre 1828, cette femme tant aimée se remarie à un soldat ; Baudelaire est mis en pension. De cette époque date sa fameuse " fêlure ". Crépet note à ce sujet une note significative de Buisson : " Baudelaire était une âme très délicate, très fine, originale et tendre, qui s'était fêlée au premier choc de la vie. Il y avait, dans son existence, un événement qu'il n'avait pu supporter : le second mariage de sa mère. " »

Tous les enfants n'ont pas le génie de Baudelaire, quoi qu'en pensent les parents qui trouvent tous leur rejeton précoce, sinon génial, même s'il finit à l'avant-dernier rang de sa classe et redouble « inexplicablement » sa troisième année !

Toutes les mères ne se remarient pas (et ne mettent pas leur enfant en pension comme le fit celle du poète célèbre), mais je crois que tous les enfants ont une âme délicate, sont en somme aussi sensibles que Baudelaire, et certains bien plus encore.

Les parents modernes devraient, je pense, tirer une leçon de la vie de Baudelaire.

Parce que, aujourd'hui plus que jamais, les gens se séparent – qu'il y ait ou non des enfants dans le décor.

Je ne veux pas culpabiliser les parents qui ont divorcé. De toute manière, parfois, on n'a pas le choix : conjoint violent, alcoolique fini, infidèle chronique.

Je dis simplement : n'oublions pas les enfants dans l'équation.

Faisons preuve de courtoisie.

Avec nos enfants et nos ex.

Julia compte plusieurs amies dont les parents sont séparés (plus d'une amie sur deux) et qui semblent équilibrées, heureuses, même si quelques-unes se plaignent parfois de la situation : ainsi l'une déplore que sa belle-mère soit injuste, surtout avec son frère. Et il y en a d'autres.

Certains argueront, inspirés par les penseurs ésotériques, que les enfants choisissent leurs parents, et par conséquent savent à l'avance, bien avant leur naissance, s'ils seront heureux ensemble – ou se sépareront.

Soit.

Il faut pourtant garder à l'esprit que, lorsque les adultes se séparent, ils ont l'impression que tout leur univers s'effondre.

Or pour les enfants, l'univers, c'est… leurs parents !

Et c'est pour ça que la plupart des enfants de familles reconstituées disent, quand ils rentrent à la maison : « Je vais chez ma mère, je vais chez mon père. » Ils ne disent pas : « Je vais chez moi. »

Parce que « chez moi », c'était chez leurs deux parents, et ça le restera probablement longtemps.

Mettons-nous à leur place. Qu'ils soient résilients ou pas – et heureusement ils le sont énormément –, ils sont obligés de vivre dans deux maisons, parfois dans des quartiers différents, loin de leurs amis, souvent avec d'autres adultes, d'autres enfants qu'ils n'ont évidemment pas choisis, et qu'ils fuiraient peut-être *illico* s'ils en avaient le choix.

« Dans ta valise, tu as oublié de mettre telle paire de souliers, tel t-shirt, tu as oublié un cahier d'école, un livre, ou encore le chargeur de ton ordinateur... »

J'ai des amis qui, pour épargner à leurs deux enfants les désagréments du déménagement hebdomadaire, ont décidé que ce serait eux, et non les enfants, qui feraient leur valise chaque semaine. Ils ont donc loué un appartement où ils vont vivre seul à tour de rôle. C'est moins déstabilisant pour les enfants.

L'arrangement n'a tenu, comme on pouvait le prévoir, que jusqu'à l'arrivée d'autres partenaires amoureux dans l'équation.

Ensuite, ce sont les enfants qui sont devenus nomades. Ou plutôt « avec deux domiciles fixes ».

L'intention était noble, et a assuré, le temps que ça a duré, une transition moins brutale.

Selon moi, c'est ce qui est le plus difficile, non seulement pour le couple mais aussi pour les enfants : la transition...

Vous vous séparez, vous avez vos raisons, bonnes ou mauvaises. C'est votre vie, vous avez le droit de chercher le bonheur, de fuir le malheur. Vous n'avez pas à subir jusqu'à votre mort un mauvais choix amoureux.

Néanmoins, le choix d'avoir un enfant vous suit jusqu'à la mort, et votre séparation ne vous en délie pas.

Musset a dit, ou à peu près : « Le cœur des enfants est d'une cire si molle que le stylet des parents y laisse une trace indélébile. »

Alors mettez des gants blancs avec vos enfants, essayez de ne pas trop les traumatiser, de les ménager. Soyez mature, faites abstraction de votre déception, de votre douleur, de vos frustrations à l'endroit de votre partenaire, malgré ses fautes, malgré ses manquements, malgré ses trahisons.

Voici quelques conseils utiles.

1. Ne cassez pas de sucre sur le dos de l'autre parent, je veux dire en présence des enfants ! Avec votre meilleur(e) ami(e) ou votre nouveau partenaire, c'est un sport qui est admis, même si, à mon avis, le fiel que vous crachez vers l'autre coule bien vite dans vos veines et gâche votre digestion. Soit dit en passant, si vous voulez vraiment savoir ce que vos amis pensent de votre conjoint, annoncez-leur que vous vous êtes séparés, même si c'est faux. Vous serez surpris – ou peut-être pas – des horreurs qu'ils vont proférer à son sujet et des félicitations que vous recevrez de vous en être débarrassé : « Il était temps ! » Ensuite, ne vous reste plus qu'à leur dire que vous plaisantiez, que vous êtes encore ensemble et que, de plus, vous songez à vous marier ! Mais revenons aux enfants : en général (à moins de violence d'un parent), ils aiment leurs deux parents, surtout s'ils sont en bas âge, ensuite leur opinion peut varier et… se rapprocher de la vôtre ! Alors au lieu de médire au sujet de l'autre, comme vous faisiez peut-être constamment alors que vous étiez encore ensemble, ce qui n'a pas aidé à votre liesse conjugale, faites un

effort, projetez-vous aux antipodes de vous-même et dites de belles choses sur son compte, même si vous ne les pensez pas. Dites par exemple : « Maman est gentille, elle nous a fait un beau gâteau ! » Même si vous venez de l'acheter chez Metro ou chez Lenôtre, selon ce que votre arrangement financier vous laisse comme budget !

2. Ne vous disputez pas en leur présence, malgré la colère, la rage, la frustration. Je me souviens il y a très longtemps, j'avais une dispute avec D. Nous échangions des gros mots, de ce genre de mots qui dépassent notre pensée (si on en a une !) et qu'on regrette la plupart du temps, lorsque Julia, qui avait seulement quatre ans, est arrivée dans la pièce. Bouleversée par le spectacle de notre dispute, les larmes aux yeux, elle s'est précipitée vers D. et l'a serrée dans ses bras, ou plutôt, comme elle était haute comme trois pommes, a serré ses jambes dans ses bras, en répétant, les larmes aux yeux : « Je t'aime, maman, je t'aime ! » On aurait dit qu'elle voulait calmer, par la proclamation non sollicitée de son amour, la virulence de notre dispute. Ce qui a réussi d'ailleurs car les larmes nous sont montées aux yeux et je me suis précipité vers Juju et D. pour les embrasser, preuve que la famille était sauve, que l'univers de Juju n'était pas vraiment bouleversé. Ça nous a servi de leçon : tous les parents du monde peuvent se disputer – et ne manquent pas de le faire ! –, mais que ce soit privément, je veux dire en l'absence des enfants. Et qu'ils ne tentent pas illusoirement de les rallier à leur cause, de gagner leur vote, ce qui ne fait en général que les chagriner davantage car la plupart des enfants aiment assez également leurs deux parents et trouvent déchirante leur hargne.

3. Rassurez-les constamment sur le fait que vous les aimez, et surtout qu'ils ne sont pas responsables de la séparation. Dites par exemple : « Papa et maman vont avoir chacun sa maison, et toi tu vas avoir deux maisons, ça va être amusant. »

   Essayez de ne pas vous mettre à pleurer en proférant ce mensonge blanc parce que vous savez que quand l'enfant sera dans l'autre maison il ne sera pas avec vous, et vous l'aimez comme un fou : chaque minute sans lui est comme une heure, chaque jour comme un mois et si c'est Noël que vous passez sans lui, aucun cadeau, aucun champagne ne vous le fera oublier ! Si malgré tous vos efforts vous vous mettez à pleurer, expliquez tout de suite à votre enfant que vous avez une allergie et dites : « Viens, on va aller au cinéma, ça va passer ! » Votre enfant a déjà son chagrin à gérer, pas besoin d'y ajouter le vôtre.

4. Essayez de continuer d'avoir des activités familiales avec les enfants, malgré la séparation, et malgré l'arrivée de nouveaux conjoints dans le décor. Je ne sais pas, un repas au resto une fois semaine, au moins dans les débuts et aussi longtemps que vous pourrez, pour assurer une transition moins douloureuse. Avec le temps on s'habitue à tout, et les enfants ne font pas exception.

5. À l'arrivée d'un nouveau conjoint (et il est peut-être arrivé *avant* la séparation et l'a d'ailleurs provoquée ou hâtée car ça n'allait vraiment plus quand vous l'avez rencontré), prenez votre temps. La séparation est déjà un gros morceau à avaler pour votre enfant. Non seulement vous n'êtes plus avec sa maman ou son papa, mais il y a également un nouvel être dans votre vie, et qui a peut-être des enfants. Si c'est le cas, assurez-vous de ne pas vous

laisser aveugler par l'amour, de ne pas être égoïste et de protéger les intérêts de vos enfants.

La liste de conseils pourrait sûrement s'allonger. Le plus important est de garder en tête cet engagement que les enfants, c'est pour la vie, et ce, pour les deux parents.

Les séparations ne sont pas la situation idéale, tout le monde en convient: elles apportent de grands chagrins, de grandes douleurs, de grands bouleversements, et pas juste logistiques, bien entendu. C'est un rêve, un investissement affectif, un projet de vie qui s'effondre.

Personne, même le plus cynique des êtres, ne se met en ménage avec en tête l'idée de se séparer un jour, et ce, malgré les statistiques accablantes à ce sujet. On le fait tous pour la vie, et c'est très bien ainsi.

Il faut rester romantique, malgré les échecs ou, devrait-on dire, les déceptions passées.

Quand ça tourne au vinaigre, il faut se dire: « La vie (conjugale) m'a donné un citron (je ne parle pas de votre conjoint!), je vais en faire de la limonade! Et mes enfants en vendront au coin de la rue pour arrondir leurs fins de mois! »

Il y a plein de couples – et c'est merveilleux d'y penser – qui, ayant échoué leur mariage, ont réussi leur divorce.

Et les enfants s'en sont tirés dans les circonstances, peut-être mieux que s'ils étaient restés avec des parents qui se disputaient constamment.

Les enfants ont besoin de calme et de stabilité pour s'épanouir.

Comme le calme ne peut être assuré dans une union qui ne fonctionne plus, il faut accepter, je crois, de compromettre provisoirement la stabilité pour la retrouver un peu plus tard, différente mais réelle, en même temps que le calme.

Je le répète, on ne décide pas de faire vie commune avec l'idée de se séparer un jour.

Et on ne sait pas à quel point le fait d'avoir un enfant peut changer une vie, et pas seulement celle de la mère, même si le projet était au départ romantique et si emballant...

Le projet...

Pas la réalité...

Prenez seulement les nuits – et le sommeil qu'on est censé y trouver.

Je suis sûr que celui qui a inventé l'expression « dormir comme un bébé » n'avait pas d'enfant – ou n'avait pas de mémoire !

Un bébé, ça ne dort pas !

Ou pas aux bonnes heures ou pas assez longtemps et ça possède le génie diabolique de se réveiller juste quand on vient de s'endormir !

C'est pour ça que, avant de faire un enfant, il faudrait à mon avis que les deux complices de ce merveilleux projet fassent un pacte.

Et ce pacte, qui vous semblera peut-être peu romantique, ressemblerait à ceci et prévoirait cette situation : « Que ferons-nous avec le ou les enfants en cas de séparation ? »

Pour ma part, je n'aurais jamais accepté de faire un enfant avec D. si elle m'avait dit au départ : « Si jamais on se sépare, je garde Julia, tu la verras quatre jours par mois, donc 48 jours par année comme la plupart des hommes ! »

Je ne crois pas être le seul homme qui pense ainsi.

Cela étant dit, il est vrai qu'il existe des hommes pour qui la paternité est un fardeau, un compromis consenti à la femme, auquel le divorce et quatre jours par mois avec les enfants sont une issue fort acceptable, parfois secrètement souhaitée depuis des lustres – ou des nuits blanches. Leur goût de la liberté, leurs ambitions professionnelles n'ont jamais pu s'accommoder d'une paternité à temps plein.

N'empêche, à mon avis, il n'est pas éloigné le jour où les futurs parents devront signer des sortes d'ententes prénuptiales ou pré-parentales qui prévoiront le type de garde des enfants en cas de séparation. Ça évitera bien des querelles et des frais d'avocat qui ne viennent que s'ajouter à la douleur de la séparation. Et puis ça permettra aux futurs parents de savoir avec qui ils s'embarquent dans cette aventure.

Comme c'est un des projets les plus importants de notre vie, est-ce acceptable de ne pas la planifier sous prétexte que ce n'est pas romantique ?

Aller à Paris est romantique, mais c'est beaucoup moins important et moins long qu'avoir un enfant, et pourtant on fait des plans, on trace un itinéraire...

Alors faisons de même avant d'avoir un enfant, même si, bien sûr, on ne peut jamais tout prévoir. La vie reste une aventure et c'est ce qui la rend si fascinante !

Certains êtres, justement, ont le goût de l'aventure.

Extraconjugale.

Qui prend un sens différent selon le pacte amoureux que vous avez au sujet de la fidélité...

Mais voyons quels sont ses plus grands ennemis...

22

POURQUOI TROMPE-T-ON L'AUTRE ?

La fidélité est sans doute un des pactes les plus importants, dans un couple.

Car l'infidélité, surtout lorsqu'elle a lieu de manière répétitive et avec la même personne, conduit souvent à la séparation. Il est vrai, par ailleurs, qu'elle peut durer longtemps avant d'être exposée au grand jour, ce qui ne veut pas dire qu'elle ne cause pas des ravages car la personne trompée finit par le sentir intuitivement.

Un couple est un jeu de vases communicants plus parfait qu'on ne le croit.

Il y a toutefois des exceptions, du moins apparentes. Il y avait dans la petite ville de mon enfance un couple « idéal ». La femme était toujours souriante, avenante, le mari avait des affaires florissantes et, pendant 40 ans, lui apporta son café au lit tous les matins. Mais lorsqu'elle mourut, prématurément, il comprit pourquoi elle souriait… même si elle n'était pas heureuse avec lui. Affligé du même destin que ce pauvre Charles Bovary, il découvrit l'énorme liasse de lettres enflammées que son amant lui écrivait depuis 20 ans.

Au 21e siècle, les couples ont cependant moins de raisons de rester ensemble tout en ayant une vie amoureuse ailleurs. Il y a sans doute encore des ménages à trois – ou à quatre, soyons modernes ! –, mais ils n'ont plus leur raison d'être qui était *grosso modo* la force des conventions sociales et la dépendance économique des femmes, qui les asservissait au joug souvent inique de l'homme qui avait tous les droits – et les exerçait ! Toutes choses révolues, et c'est tant mieux !

Ce qui tue souvent le couple c'est la routine. Sexuelle.

Elle ne veut plus laisser tomber sa robe pour lui, il veut soulever la robe d'une autre !

Ils ne se le disent pas au début mais le pensent et le font.

Puis souvent vient la séparation.

De guerre lasse, libéré du désir qui seul le rivait à l'autre, éloigné par des découvertes au sujet du partenaire ou des traits de caractère, des manquements qui l'insupportent, l'autre, ouvertement ou secrètement, retire ses billes du jeu, se désinvestit émotionnellement du couple.

Pourquoi au juste tant de couples en arrivent-ils là ?

Pourquoi l'infidélité est-elle si répandue ?

Il y a plusieurs raisons. À mon avis, la principale est la suivante.

Hermès Trismégiste, un sage Égyptien qui vécut, croit-on, il y a plus de 5 000 ans, a écrit ceci : « Les âmes ne retournent pas confusément et au hasard dans un seul et même lieu, mais chacune est envoyée à la place qui lui appartient. [Il veut dire après la mort.] […] Écoute cette comparaison, ô très-cher Horos : suppose qu'on enferme dans une même prison des hommes, des aigles, des colombes, des cygnes, des éperviers, des hirondelles, des moineaux, des mouches, des serpents, des lions, des léopards, des loups, des chiens, des lièvres, des bœufs, des moutons […] ; puis que tous soient mis en liberté au même instant. Tous s'échapperont à la fois : les hommes iront vers les maisons et les places publiques, l'aigle dans l'Éther, où sa nature le porte à vivre, les colombes dans l'air voisin […]. Chaque animal retournera, conduit par son discernement intérieur, dans le séjour qui lui convient. »

Dans un couple, en tout cas dans les débuts, la prison, c'est le DÉSIR.

C'est le désir qui a rapproché les êtres, et c'est son étiolement qui les éloigne.

La mort du désir (ou son affadissement), c'est la porte de la cage qui s'ouvre, surtout si en plus il y a goût de la nouveauté.

Si les deux membres du couple sont de même « race », de même nature, ont des affinités, des valeurs, des goûts communs, ils resteront dans la cage ou partiront *ensemble* vers d'autres horizons, en aménageant leur désir, en le retrouvant, en le cultivant, ce qu'ils n'auraient pas eu envie de faire s'ils avaient des natures par trop dissemblables.

Ces natures dissemblables, au début, ils ne les voyaient pas, et ce, pour deux raisons bien simples :

1. L'un des partenaires (ou les deux) était aveuglé par le désir et plus le désir était grand, plus la cécité amoureuse l'était…

2. Ils ne se connaissaient pas encore, ils avaient fait trop de suppositions erronées. Ils s'étaient montrés trop bon marchands de leur être, avaient trop habilement emballé le produit ou encore avaient fait trop de compromis à leurs yeux seulement provisoires, et insupportables à moyen terme (six mois, un an, trois ans, choisissez la durée selon votre expérience de la passion folle).

Dans *Malaise dans la civilisation*, Freud écrit ceci : « Il n'est manifestement pas facile aux humains de renoncer à satisfaire cette agressivité qui est leur; ils n'en retirent alors aucun bien-être. Un groupement civilisé plus réduit, c'est là son avantage, ouvre une issue à cette pulsion instinctive en tant qu'il autorise à traiter en ennemis tous ceux qui restent en dehors de lui. Et cet avantage n'est pas maigre. Il est toujours possible d'unir les uns aux autres par les liens de l'amour une plus grande masse d'hommes, à la seule condition qu'il en reste d'autres en dehors d'elle pour recevoir les coups. Je me suis occupé jadis de ce phénomène que justement les communautés voisines et même apparentées se combattent et se raillent réciproquement ; par exemple Espagnols et Portugais, Allemands du Nord et du Sud, Anglais et Écossais, etc. Je l'ai appelé "Narcissisme des petites différences", nom qui ne contribue guère à l'éclairer. Or, on y constate une satisfaction commode et relativement inoffensive de l'instinct agressif, [c'est moi qui souligne] par laquelle la cohésion de la communauté est rendue plus facile à ses membres. »

Dit plus simplement, les peuples, et même les régions dans les pays, les villes et les villages même, pour se sentir mieux, pour se sentir plus unis et en somme plus heureux, trouvent chez les autres (les autres peuples, les autres régions de leur propre pays, et même les autres villes, les autres villages) des différences souvent infimes qu'ils grossissent et méprisent et qui du coup les font se sentir supérieurs, alimentant commodément leur narcissisme.

Ce narcissisme des petites différences se manifeste même entre voisins d'une même rue. Ainsi, bien souvent, si votre voisin possède une maison qui vaut juste un peu plus que la vôtre, votre instinct agressif (qui peut aussi s'appeler de l'envie ou de la jalousie !) s'exprimera et vous aurez naturellement tendance à vous dire et à dire à vos amis, à votre partenaire : « Il se prend pour qui avec sa maison de merde ! »

Même phénomène s'il a une voiture un peu plus luxueuse que la vôtre ! À l'opposé, si vous avez une maison (ou une voiture ou un salaire, bien sûr) qui est juste un peu mieux que celle de votre voisin, vous aurez une tendance quasi irrépressible à le mépriser, ou en tout cas à vous trouver supérieur.

Le narcissisme des petites différences agit aussi dans les couples, et ce, de plus en plus fort à mesure que la prison du désir ouvre ses portes, en somme que la passion érotique a pris congé.

À ce moment, le narcissisme des petites différences s'exalte et devient d'autant plus virulent que précisément les différences, avec le recul du temps (ou son usure), s'avèrent beaucoup moins petites qu'on ne le croyait. Qu'elles sont grandes et nombreuses, géantes à la vérité : « Il y a un abîme entre toi et moi, mon chéri, ne pas en convenir est se leurrer, et bientôt pleurer. »

Voilà deux étrangers qui vivent ensemble et que pourtant tout éloigne l'un de l'autre. Qui vivent ensemble juste en apparence car intérieurement, ils sont différents. D'où les conflits, les disputes, les cris et chuchotements.

Oui, il y a un abîme entre eux car les différences n'étaient pas si petites que ça, toute réflexion faite. Elles étaient énormes, à la vérité car la routine est une loupe qui grossit tout ce qui chez l'autre nous irrite.

Et alors l'instinct agressif se manifeste, explose, fait des ravages. Critiques, récriminations, mépris… et dérobade avec ou sans infidélité ! Aristote a dit de l'amitié que c'était une seule âme en deux corps.

Est-il une définition plus simple, plus belle de deux âmes-sœurs ?

Une seule âme, en deux corps…

N'est-ce pas la définition ultime d'un mariage heureux ?

Oui, je le crois.

Et c'est pour cette raison – et elle est légitime – que tant qu'on ne l'a pas trouvé, on le cherche.

Et c'est pour ça, bien souvent, qu'on est infidèle.

On n'est même pas infidèle au fond.

On a seulement constaté qu'on vivait avec un étranger, quasi un ennemi : on n'est infidèle qu'à un ami !

Et à la vérité, on n'a justement pas envie de lui être infidèle car les amis sont rares, car les amis sont précieux : on leur est fidèle pour la vie.

En somme, si on y réfléchit bien, on ne peut rester longtemps heureux qu'avec un ami. Et un ami c'est quelqu'un avec qui on a plusieurs points en commun (pas tout en commun bien sûr), des valeurs, des goûts, des loisirs et avec qui on n'est pas constamment obligé de faire des compromis, des compromis qu'on accepte au début, parce que la porte de la prison du désir n'est pas encore ouverte. Ensuite on prend la poudre d'escampette.

Ou l'amour petit à petit prend congé, et la tentation d'une vie autre montre son joli minois.

Vous prenez conscience que vous n'avez pas assez tenu compte du narcissisme des petites différences, de sa tyrannie sur le destin d'un couple heureux.

Bien sûr, on ne peut pas aimer tous les deux les mêmes choses, avoir exactement les mêmes valeurs, les mêmes idées, les mêmes loisirs.

Mais en fin de compte, et c'est un peu triste d'y penser, on n'aime jamais que soi-même à travers l'autre.

C'est une tendance humaine universelle et quasi incontrôlable.

C'est pour cette raison que, à une époque pas si lointaine, lorsqu'il fallait trouver une raison pour obtenir son divorce et qu'on n'osait ou ne pouvait alléguer l'infidélité, on inscrivait : « différences irréconciliables ».

L'autre jour, D. me dit : « Julia est comme toi ! »

Ce n'était pas une parole blessante comme c'est le cas parfois quand on utilise ces mots. J'ai éprouvé un grand plaisir.

Pourquoi ?

Par narcissisme.

On n'échappe pas au narcissisme des petites différences, je crois.

Je ne peux pas l'expérimenter avec mes autres enfants car je n'ai qu'une fille. Je suis pourtant persuadé que, même si les parents ne sont pas censés avoir de préféré parmi leurs enfants, ils en ont probablement, du moins dans une certaine mesure, et comme par hasard leur affection se porte davantage vers celui de leurs enfants qui leur ressemble le plus, qui a les mêmes goûts, les mêmes idées, les mêmes manières, peut-être le même nez ou les mêmes yeux.

On aime toujours un reflet de soi chez l'autre.

Vous me direz, il y a des femmes très belles qui aiment des hommes très laids parce qu'ils sont riches ou célèbres, ou simplement parce que ces hommes aiment profondément les femmes, parce que ces hommes font sentir leur compagne vraiment femme, par leur désir et leur attention, ce qui est plutôt rare, comme en conviendront la plupart des femmes, et pas juste les mal aimées.

Mais je parle de ressemblances véritables et non pas épidermiques, donc de ressemblances intérieures.

Dans *L'Amour vraiment conjugal* déjà cité, l'auteur explique un peu ce que je viens de dire mais en d'autres mots :

« La froideur spirituelle dans les mariages est la désunion des âmes et les disjonctions des mentals, d'où naissent l'indifférence, la discorde, le mépris, le dégoût, l'aversion, qui pour plusieurs mènent à la séparation de lit, de chambre et de maison. [...] Il y a plusieurs causes externes de froideur ; et la première est la dissemblance des mentals et des mœurs. »

Parfois, bien sûr, c'est l'habitude qui retient ensemble les couples, ou alors ce sont les enfants. Est-ce un spectacle à leur offrir jusqu'à ce qu'ils quittent la maison ?

Ce sont deux étrangers qui restent ensemble pour mieux se haïr, pour exprimer peut-être cet instinct agressif si puissant en eux, parce qu'ils sont révoltés, frustrés, pas heureux peut-être du métier qu'ils font, parce qu'ils n'ont jamais osé faire ce qu'ils voulaient vraiment faire, insatisfaits de l'argent qu'ils gagnent – ou ne gagnent pas –, pas heureux de leur poids, de leurs amis, de leur vie en général.

Dans son génial spectacle *Le Point sur Robert*, le comédien Fabrice Luchini (dont le véritable prénom est Robert, il est amusant de le noter!) cite une réflexion magnifique de Paul Valéry qui écrit, dans *Tel quel* : « Il n'existe pas d'être capable d'aimer un autre être tel qu'il est. On demande des modifications, on n'aime jamais qu'un fantôme. »

Oui, on demande des modifications et c'est justement ça le problème. Quand on demande constamment à l'autre de changer parce que l'être qu'on aime est trop différent, ça ne marche pas, c'est voué à l'échec.

D'ailleurs, des modifications, on n'en obtient jamais. Pas autant qu'on voudrait en tout cas. Ou alors elles viennent trop tard, souvent quand on est déjà parti et que l'autre tente par tous les moyens de nous reconquérir.

« Il n'existe pas un être capable d'aimer un autre être tel qu'il est... »

Dit de manière différente, ça revient à ce que j'ai dit au sujet du narcissisme des petites différences : si notre instinct agressif peut s'exercer trop abondamment parce que l'autre est trop différent, la chute du désir entraînera la chute de notre régime amoureux.

C'est peut-être triste à dire, et pas très édifiant au sujet de votre liberté amoureuse, mais au fond elle est limitée et vous avez plus de chances d'aimer durablement quelqu'un comme vous.

Et c'est pour cette raison qu'on peut aisément prédire une mésentente rapide ou une infidélité précoce dans un couple lorsque le milieu familial, la langue, la culture, le niveau de scolarité, la race diffèrent.

Chaque différence posée dans la balance la fait pencher vers la séparation ou l'infidélité.

Ou, bien sûr, le malheur quand les circonstances l'imposent : enfants, lois contraignantes, dépendance financière.

Car une fois sorti de la prison du désir qui dure six mois, un an, trois ans avec de la chance, chacun se retrouve avec un étranger auquel il n'est lié bien souvent que par l'habitude, une habitude qui l'ennuie de plus en plus.

Il n'a qu'une seule envie : prendre son envol, et le prendre à la limite avec n'importe qui, même avec une personne qui n'arrive pas à la cheville de sa partenaire, tant par le corps que par l'esprit.

Elle a pour seule qualité d'être autre, différente, nouvelle.

De ne pas encore connaître tous ses défauts, tous ses manquements, tous ses mensonges, et par conséquent de ne pas pouvoir les lui reprocher.

Il fuit.

Il fuit en avant.

Il cherche un nouveau théâtre, un nouveau public.

C'est sa détresse, son *modus vivendi* et on ne peut pas le condamner tout à fait.

Lorsqu'il y a des enfants, ça complique la donne, bien sûr, et c'est pour ça que, chaque fois qu'on peut, on devrait attendre trois ou quatre ans avant d'en faire, parce qu'alors on sait mieux – sans jamais le savoir parfaitement et définitivement – si on est fait pour s'entendre.

Il n'y a pas que les dissemblances intérieures qui engendrent l'infidélité car il y a plein de couples qui se disent amis – et qui le sont –, et qui pourtant au bout d'un certain temps n'éprouvent plus l'un pour l'autre un grand désir. Ils vivent en colocataires, comme frère et sœur, parfois seulement comme parents des enfants qu'ils ont faits ensemble – ou avec d'autres.

Une des complaintes les plus fréquentes que j'ai entendues de la part des femmes, et qui a souvent abouti en infidélité, c'est que leur homme ne les traitait plus « comme une femme ».

Qu'est-ce que ça voulait dire, dans leur bouche : « comme une femme » ?

C'était tout simplement que leur homme les tenait pour acquises, ne leur faisait plus la cour, n'était plus gaga à leur sujet ou carrément les ignorait. Elles étaient devenues des « femmes invisibles », tout le contraire de ce qu'elles étaient au début. Quand elles se sentaient « femmes objets », dans le bon sens du mot : objet de désir, de passion, de folie, de déraison.

Pour certaines femmes qui se définissent (mais pas exclusivement, bien sûr) par la séduction, lorsqu'elles sentent fléchir leur pouvoir sur leur compagnon, c'est toute leur identité qui en prend un coup.

Elles se sentent déstabilisées, inquiètes, et se remettent en question.

Musset disait : « Une femme pardonne tout, excepté qu'on ne veuille pas d'elle. »

Et c'est encore plus insupportable si cette rebuffade émane non pas d'un parfait étranger ou d'un collègue de travail mais de son compagnon de vie.

Son compagnon qui ne veut plus d'elle.

Ou seulement du bout des lèvres, si j'ose dire.

Qui ne la veut plus de manière aussi primitive, animale, impérative que dans les commencements.

Son compagnon, qui est devenu le fantôme de l'amant fougueux des débuts.

Qui insistait tant si elle n'était pas d'humeur ou si elle était occupée, ou pressée, entre deux rendez-vous, entre deux avions, qu'à la fin son désir irrésistible venait à bout de ses réticences, la subjuguait, l'engourdissait, lui donnait des frissons, des moiteurs. Et alors il n'aurait pas fallu qu'il change d'idée, qu'il dise, perdant extrême puisqu'il était perdant d'elle : « Je comprends, ma colombe, on se reprend une autre fois ! »

Il fallait qu'il la prenne, là, n'importe où, pourvu soit tout de suite, parce que son désir à lui lui avait expliqué son urgence et elle l'avait faite sienne, follement complaisante, et elle aussi était montée dans l'ambulance qui roulait à toute vitesse vers l'urgence de volupté.

Oui, elle cédait, heureuse, et elle espérait devoir céder la fois suivante, et qu'il y ait toujours une prochaine fois.

Son mec...

Qui ne lui disait jamais non, à n'importe quelle heure du jour ou de la nuit, où qu'ils soient, même chez des amis, à un baptême, sur la plage, dans des toilettes d'avion.

Maintenant, il n'y a jamais urgence dans le lit ou ailleurs, il y a toujours une bonne raison de ne pas se jeter l'un sur l'autre, et ce sont toutes des variations plus ou moins heureuses de... NON !

Non, je ne te désire plus follement !

« Ne le prends pas " personnel ", ce n'est pas toi, c'est moi, mais c'est... non ! »

Or elle le prend « personnel ».

Vraiment.

Même si ses raisons à lui sont les meilleures du monde.

Elle cherche un homme qui lui rappellera le passé, qui lui permettra l'éternel retour de la romance. Comme lorsque son homme la prenait habillée, debout, lui plaquant les épaules contre le mur, ne lui laissant même pas le temps de se déshabiller, se contentant de relever prestement sa jupe, de se glisser entre son slip et le pan satiné de sa cuisse.

Maintenant elle a beau porter un déshabillé des plus éloquents et des plus dispendieux – s'il savait combien elle l'a payé, il n'en reviendrait pas –, il préfère sa télé ou son ordi, où il regarde elle ne sait trop quoi. Elle s'en doute, juste à voir l'éclat suspect de ses yeux lorsqu'il la rejoint à une heure du matin et lui demande des choses qu'il ne lui a jamais demandées et qu'elle ferait volontiers si elle n'avait la certitude que, dans sa tête de cybernaute accro, c'est à une autre qu'il les fait.

Frustrée, déçue, lassée, elle va regarder ailleurs, elle aussi, mais pas sur un site porno : dans la vraie vie, c'est moins triste !

Regarder ailleurs et tester son charme incertain sur d'autres hommes, car les questions qui la hantent sont devenues insupportables, la rendent malade. Elle a maigri, c'était sympa au début, cet effet secondaire de l'angoisse amoureuse, mais là, c'est trop, elle n'a même plus ces sempiternels cinq kilos à perdre, elle ressemble à une anorexique, comme le lui répètent sa mère et sa meilleure amie !

Pour ne pas être en reste, pour moins souffrir, elle trompera son homme, si du moins on peut tromper un homme qui n'est plus vraiment là.

Peut-être.

Parce qu'il est déjà rendu ailleurs, dans d'autres bras, avec d'autres soucis, d'autres cris. Il est si difficile de savoir ce que l'autre pense – et fait –vraiment, même si on vit avec lui depuis des années.

Et elle cherchera – et parfois trouvera – un homme qu'elle n'aura pas à supplier pour qu'il lui dise oui.

Avec qui à nouveau elle se sentira femme.

D'où l'infidélité.

Et les hommes font la même chose devant la froideur de leur femme.

Le héros de *Jacques le Fataliste,* roman célèbre de Diderot, dit : « Tous les jours on couche avec des femmes qu'on n'aime pas, et on ne couche pas avec des femmes qu'on aime. »

Ces hommes, éternels insatisfaits comme d'autres sont d'éternels maris, oublient rapidement que la femme qu'ils ne désirent plus mais avec laquelle ils peuvent coucher avait d'abord été *leur* femme, la femme qu'ils désiraient avant de l'avoir.

Maintenant, ils ont envie de la femme d'à côté, de la femme du boulanger, de la femme en rouge qu'ils ont croisée sur le trottoir ou de la femme en noir qu'ils ont contemplée sur un site porno et qui leur a arraché leur numéro de carte de crédit qu'ils devront parfois se battre pour ravoir et enfin cesser de payer 39,95 $ par mois même s'ils ont tenté dix fois d'annuler leur abonnement !

Ils sont les champions toute catégorie de la déception post-achat. Post-consommation, devrais-je dire.

Ils carburent à la nouveauté.

Et la nouveauté vieillit rapidement, presque instantanément.

Presque autant que leur femme à qui ils découvrent tous les jours des rides nouvelles, des défauts de caractère insoupçonnés.

On peut appeler ces hommes des hommes à femmes, des Don Juan.

Ils sont en général fort peu intéressants pour les femmes, sauf si elles sont trop occupées par leur carrière et ne veulent pas avoir un homme dans les jambes – enfin juste pour les parties de jambes !

Ils sont en général difficiles sinon impossibles à convertir, même si bien des femmes s'y essaient et s'y brûlent les ailes. Et si elles réussissent, c'est souvent parce qu'il est usé, fini ou ruiné !

Cependant, la révélation tardive de l'amour est parfois possible.

Dans le monde d'aujourd'hui, il y a aussi des femmes « légères », bien entendu. Des femmes dont les mœurs amoureuses ressemblent à celles de bien des hommes qui ont la phobie de l'engagement.

Une lectrice m'a confié qu'elle était comme ça, pas une croqueuse d'hommes, comme on dit péjorativement, mais une femme qui croquait dans la vie. Avec de belles dents, il est vrai, si j'en juge par ses photos sur Facebook. Elle a 45 ans, fait plein d'argent comme agent immobilier, a la cuisse légère et le cœur gai. Elle a déjà été mariée et considère qu'elle a déjà donné, a des enfants adolescents et collectionne les hommes comme d'autres les timbres-poste, est toujours la première à se lasser et à partir. Elle vit comme bien des hommes. Ou plutôt comme bien des femmes modernes, qui s'assument, qui assument leur sexualité et leur goût de liberté et ne dépendent plus des hommes pour leur survie. Ni matérielle ni émotive. Elle brise des cœurs mais ne fait jamais de promesses, alors que lui reprocher ?

Elle ne trompe pas ses hommes, elle les quitte.

Selon les statistiques, les femmes sont presque aussi infidèles que les hommes.

Cependant, les chiffres ne traduisent pas véritablement la réalité.

Les femmes ont besoin d'une raison pour tromper un homme : les hommes ont juste besoin d'un endroit !

Et d'une complice bien sûr !

Les femmes trompent souvent au second degré.

Je veux dire, elles trompent... après !

Après que leur partenaire les a déjà trompées, ou qu'elles en ont le sentiment si fort qu'elles préfèrent se venger par anticipation, pour ne pas avoir l'humiliation d'avoir été trompées en premier !

L'infidélité mène bien souvent à la séparation, même si l'autre ne la découvre pas, même si l'infidèle nie toujours, et avec la dernière énergie : celui qui a été trompé ou qui est persuadé de l'avoir été, finira par s'en aller car une partie de lui « sait ». Et cette partie ne se trompe jamais.

On devrait toujours agir et penser avec l'autre comme s'il pouvait voir et entendre tout ce qu'on dit et fait en son absence.

Car en vérité, c'est ce qui se produit dans l'invisible. Et si l'essentiel est invisible pour les yeux, il ne l'est pas pour le cœur ! Celui qui est trompé, qui ne se sent plus aimé, qui est aimé tièdement, cherche ailleurs ce qu'il ne peut plus trouver dans son couple.

Il quitte l'autre.

Et souvent on entend les gens dire à son sujet, au sujet de son partenaire : « Dommage, ils faisaient un si beau couple ! »

Un beau couple peut-être, mais pas un *bon* couple.

Nuance capitale.

D'autres raisons d'infidélité ?

Dans *Annie Hall*, de Woody Allen, il y a un suave dialogue entre Alvy Singer (incarné par Woody Allen) et Annie Hall (Diane Keaton). Leur psychiatre leur demande : « Faites-vous l'amour souvent ?

Alvy Singer : « Presque jamais. Peut-être trois fois par semaine. »

Annie Hall : « Constamment. Je dirais trois fois par semaine. »

On rit.

Sauf quand on le vit.

Les différences de rythme amoureux créent les disputes, les disputes engendrent la froideur, la froideur conduit à l'infidélité à court ou long terme, évidemment plus rapidement si le couple est sans enfant.

Une autre chose qui conduit à l'infidélité, en tout cas du côté des hommes, c'est lorsque la femme utilise la privation de sexe comme punition.

C'est toujours une erreur, une arme à deux tranchants.

La femme dit : « J'ai le pouvoir de te dire non, ou de t'ouvrir les jambes mais de te fermer mon cœur, de te jouer la comédie et de mal la jouer pour que tu t'en rendes compte, pour que tu te sentes ridicule dans ton triomphe et me laisses dormir en paix, le plus vite possible, ce qui est contraire à mon souhait habituel : il nous faut 15 minutes, il vous en faut 3 ! »

Elle dit non, donc, et si l'homme a des manières, il ne tentera quand même pas de lui imposer son désir.

Mais il cherchera peut-être à se venger. À une vitesse directement proportionnelle à sa libido en général.

Tu me punis ?

Alors moi aussi je te punis !

C'est la loi du talion, pas très raffinée, un peu primitive, mais le sexe est justement quelque chose de très primitif, de très instinctuel et c'est pour ça qu'il contrôle si souvent nos vies et nous fait faire des choses si peu rationnelles.

Il faut dire que l'homme est plus rudimentaire dans ses raisonnements que la femme, qu'il reste toujours un peu, malgré toutes ses prétentions, un homme de Cro-Magnon.

Il se dit : « Si elle ne veut plus coucher avec moi, c'est qu'elle ne m'aime plus, c'est qu'elle ne me désire plus ! » Alors qu'en vérité, les sentiments de sa femme pour lui (et même ses désirs érotiques) n'ont pas vraiment changé. Elle veut simplement le punir, par exemple, de lui avoir manqué de respect, de ne pas lui avoir consenti une faveur, de s'être montré dur dans telle situation, ou d'avoir flirté ou dansé avec une autre femme dans une partie.

C'était juste de la stratégie amoureuse de sa part.

Amoureuse, voilà le mot clé !

Car ça n'avait rien à voir avec son désir pour lui, même si, bien entendu, elle n'avait pas nécessairement une envie folle de se jeter sur lui après la connerie qu'il lui a faite !

Ce qu'elle espère, au fond, c'est tout simplement l'amour.

Quand elle ne le trouve pas, elle est malheureuse.

Ou elle est infidèle.

Ou elle part.

Et elle devient une ex.

Et elle crée par la même occasion un ex.

C'est d'eux dont on va parler dans le prochain chapitre.

23

DEVRAIT-ON ÉLIMINER LES EX ?

Dans *Le Génie du Christianisme*, Chateaubriand s'interroge : « Si tu pouvais par un seul désir, tuer un homme en Chine et hériter de sa fortune en Europe, avec la conviction surnaturelle qu'on n'en saurait jamais rien, consentirais-tu à former ce désir ? »

C'est la célèbre métaphore du « bouton du mandarin », empruntée à Rousseau.

Si on posait la même question, à peine modifiée, à bien des gens séparés, non pas au sujet d'un Chinois, mais de leur ex, la réponse serait peut-être un… OUI rapide et sonore.

À moins que cet ex ne leur verse une pension, auquel cas elles lui souhaiteront naturellement une longue vie !

S'il s'agissait de l'ex de leur nouveau conjoint, elles n'auraient peut-être pas d'hésitation.

Elles appuieraient *illico* sur le « bouton du mandarin » et le feraient disparaître, puis feindraient l'incompréhension lorsque leur partenaire leur demanderait, intrigué : « Je me demande où il a bien pu passer… »

Mais en y réfléchissant, vous devez une fière chandelle à l'ex de votre partenaire. En effet, si cet ex (homme ou femme) n'avait pas été odieux(se), infidèle, fou(folle), votre partenaire ne l'aurait pas quitté(e) et n'aurait pas été libre de vous rencontrer ! Sans le savoir, il(elle) a donc été votre entremetteur !

Il y a deux sortes d'ex.

Il y a ceux avec qui on a eu des enfants, et ceux avec qui on n'en a pas eu.

Les deux catégories méritent à mon avis des traitements différents, et diamétralement opposés.

J'ai toujours coupé les ponts avec mes ex, n'ayant pas eu d'enfants avant Julia.

Je crois qu'il est préférable d'agir de la sorte et de ne pas passer son temps à parler de son ex, pire encore à comparer son nouveau partenaire à lui, surtout ouvertement, style : « Mon ex faisait ça, lui, mon ex descendait toujours dans de grands hôtels, mon ex ne me critiquait jamais ! »

Ça vous donne juste envie de dire : « S'il(si elle) était si merveilleux(se), pourquoi l'as-tu quitté(e) ? » Ou : « Pourquoi ne tentes-tu pas de retourner avec lui(elle) ? Parce que moi je commence à en avoir soupé de lui(elle) ! De lui et de toi, et si tu continues, c'est moi qui vais appeler mon ex ! »

Je sais que, dans un monde idéal, comme nous sommes juste des êtres humains et que nous avons en commun, ex ou pas, que nous mourrons tous un jour, nous devrions pouvoir continuer à fréquenter nos ex et tolérer que nos partenaires fréquentent les leurs.

On devrait même accepter que son conjoint puisse revoir à l'occasion son ex.

Dans les faits, ce n'est toutefois pas pratique et ça peut devenir très agaçant. En effet, avec la vie trépidante qu'on mène, on a à peine le temps de voir notre futur ex, qui s'appelle aussi, jusqu'à nouvel ordre ou nouveau désordre amoureux : notre partenaire ! Si en plus on doit se réserver du temps pour son ex, ça devient difficile à gérer et à justifier auprès de la personne qui partage notre vie !

Quand il y a des enfants dans l'équation, bien sûr, c'est une autre paire de manches. Il faut alors faire preuve de beaucoup de maturité et de respect, et surtout, toujours placer le bien des enfants avant le sien.

Nous sommes les adultes, pas eux.

Nous sommes les responsables de la séparation, pas eux.

Dans le magnifique roman *Clair de femme*, Romain Gary fait dire à la compagne du narrateur, malheureuse victime du cancer : « Ne t'engonce pas dans le malheur, ne pense pas à moi tout le temps, je ne veux pas devenir une rongeuse… Je suis obligée de te quitter. Je te serai une autre femme. Va vers elle, trouve-la, donne-lui ce que je te laisse, il faut que cela demeure. [...] J'espère de tout mon amour que tu vas la rencontrer et qu'elle viendra au secours de ce qui, dans notre couple, ne peut pas, ne doit pas mourir. Ce ne sera pas s'oublier, ce ne sera pas "trahir ma mémoire" [...] Il faut qu'elle t'aide à profaner le malheur. »

N'est-ce pas ce qu'on souhaiterait entendre et ce qu'on devrait dire à nos ex ?

I ex, je veux dire, *I rest my case*.

J'ai dit ce que j'avais à dire.

Il est un autre pacte que les couples doivent conclure, surtout avec l'âge, car leurs parents vieillissent et prendre soin d'eux devient parfois un travail aussi exigeant que celui des enfants…

24

QUAND NOS PARENTS
DEVIENNENT NOS ENFANTS

Au moment où j'écris ces lignes en ce magnifique été montréalais de ma 58e année (déjà), mon père n'en a plus pour longtemps. C'est du moins le triste pronostic de son médecin, d'un de ses médecins, devrais-je dire, car il en a autant que de pilules dans son navrant pilulier, c'en est hallucinant !

Bien souvent, quand les forces lui manquent ou que sa main tremble trop, on doit le nourrir à la cuillère, comme un bébé. Il l'a fait pour mes sœurs et moi dans le passé. C'est le cycle de la vie : nos parents deviennent nos enfants !

Lui qui a toujours été si actif, si affairé, si passionné de tout – travail, voyages, livres, soirées mondaines –, il ne s'intéresse plus à rien et passe le plus clair de son temps à dormir, comme s'il se préparait à ce qui l'attend. L'autre jour du reste, comme pour confirmer mon intuition, il a confié à ma mère, qui s'interrogeait sur ses pensées secrètes, ses ruminations : « Je pense à où je m'en vais. »

On y pense tous, et la vie de tout philosophe devrait être une préparation à la mort, d'une certaine manière. Mais sans doute y pense-t-on un peu plus intensément et un peu plus souvent quand on sait que ses jours sont comptés : son médecin lui donne de trois à six mois. On ne l'a pas avisé de ce charmant pronostic, et pourtant il s'en doute.

Car il a encore toute sa tête.

Enfin presque.

Parce que depuis un an, sa mémoire a commencé à montrer quelques signes de déclin.

Ainsi, l'été dernier, au golf, il s'est présenté sur le vert du septième trou avec son *driver* au lieu de son *putter*! Pour ne pas le froisser, j'ai plaisanté : « *Daddy*, je sais bien que Tiger Woods prend parfois son bois-3 pour s'approcher à partir de la frise, mais ça le dépasserait de voir que vous utilisez votre *driver* sur les verts, à moins d'être à Saint Andrews ! »

Et j'ai couru chercher son fer droit dans son sac !

Comme les choses changent vite ! C'est la vie !

Drôle qu'on se dise ça si souvent quand on parle de... la mort, vous ne trouvez pas ?

L'été dernier, après ce qui devait être sa dernière partie de golf, il s'est étouffé en déglutissant. Une fois la contrariété passée, il a laissé tomber dans un élan d'autodérision : « Je m'étouffe avec ma propre salive, il faut le faire ! »

Il y a un mois, alors que nous révisions sa situation financière avec des fiscalistes de KPMG (où il a travaillé avec brio pendant des années, à telle enseigne qu'on a nommé la plus grande salle de conférence la salle Charles-Albert Poissant), il a insisté pour s'asseoir, lors de la rencontre, dans une vraie chaise et non pas dans son fauteuil roulant. Opération délicate qui a demandé une bonne minute de manœuvres, avec l'aide patiente de son infirmière et de votre modeste serviteur.

Une fois l'exploit accompli, mon père a décrété, non sans un humour exquis : « Voilà de quoi vous avez l'air quand vous travaillez trop longtemps chez KPMG ! »

Tout le monde a éclaté de rire et Serge Bilodeau, l'éminent fiscaliste de la firme KPMG, et soit dit en passant le fier père du champion de ski olympique Alexandre Bilodeau, a plaisanté : « Je remets ma démission dès mon retour au bureau ! »

D. ne m'accompagne pas chaque fois que je vais voir mon père : l'exiger de sa part serait injuste. Et puis elle a son travail, sa famille, et bien sûr elle prend soin de Julia. Mais elle vient souvent avec moi le visiter, et je l'apprécie énormément.

Je crois que les couples devraient conclure des pactes à ce sujet, ne pas exiger de l'autre ce qu'on lui refuserait, certes, mais aussi, bien sûr, lui rendre la politesse dans le soin (pas toujours agréable) parfois très absorbant des parents vieillissants.

Mon père aime D. et elle l'aime. Elle l'appelle le *silver fox*, le renard argenté, car il a encore tous ses cheveux et ils sont gris. Elle obtient souvent de lui des confidences que moi, son fils unique, ne peut obtenir. C'est qu'elle a la patience que beaucoup de femmes ont et qui fait défaut à bien des hommes : pas dans le travail, pas dans le sport, mais dans leurs relations avec les autres.

Elle peut rester assise une heure à côté de lui, elle lui tient les mains, le peigne, lui sourit.

Pour soulager une douleur persistante à une épaule, elle lui fait quelque passe magnétique dont elle a (ou croit avoir !) le secret.

Mon beau-frère médecin préfère lui recommander des analgésiques. Mais la tendresse soulage peut-être autant sinon mieux que la chimie. Va savoir !

D. croit aussi dans le pouvoir de la prière ou de la guérison à distance et prie pour lui.

Elle lui parle de tout et de rien : à la fin de notre vie, malgré notre carrière, malgré notre situation éminente dans le monde, malgré notre richesse, non seulement c'est ce qui nous reste, « tout et rien », mais c'est peut-être ce qui compte le plus, les petites choses, le cercle (forcément restreint) des vrais amis, les enfants, les petits-enfants...

Quand nous jouons aux cartes avec mon père, pour donner à son cerveau quelque gymnastique et passer le temps, c'est D. qui tient ses cartes et les joue pour lui. De son index impérieux mais tremblant, il lui indique son choix, comme un chef de direction dont c'est la dernière fonction.

Il joue encore très bien, fait peu d'erreurs. Avant-hier, il a fait un « contrôle », un jeu parfait, ce qui n'est pas si facile au cœur, le jeu que nous jouons. Ça lui a peut-être rappelé les prises de contrôle qu'il a faites dans le passé avec son vieux complice Pierre Péladeau !

Je ne serais pas autrement étonné, du reste, que ce dernier l'attende là-haut pour réaliser une intégration verticale du ciel et de l'enfer ! Saint Pierre n'a qu'à bien se tenir car il risque d'être congédié sous prétexte de rationaliser les opérations ! Ça s'est déjà vu !

L'autre jour, mon père, nostalgique et lucide, a confié à D. : « Avant, les banquiers m'appelaient, les présidents de compagnie, plein de gens qui me disaient comme j'étais bon pour recevoir des dons pour leur fondation, je ne suis pas con. (Mais il a été un véritable philanthrope : il n'a jamais oublié qu'il avait été très pauvre !)

Il a poursuivi sa confidence : « Le premier ministre me rendait mes appels en moins de 24 heures. Maintenant, je suis juste un moulin à merde. Plus personne ne m'appelle. Je ne dis pas ça pour toi, mais pour Marc. Dis-le-lui, pour ne pas qu'il l'oublie. Des fois, il a tendance à être comme moi avec son ambition... »

Une autre fois, il lui a confié :

— J'ai le choix, je peux décider de rester ou partir.

Lorsque D. m'en a glissé un mot, ça ma ébranlé, sans doute parce que ça m'a rappelé qu'il n'en a vraiment plus pour longtemps et qu'il lui suffirait d'une pensée, d'un petit abandon, pour se laisser partir. De fermer les yeux, et de ne plus vouloir les rouvrir.

La nuit dernière, j'ai fait un rêve à son sujet. Il s'y plaignait de son manque d'énergie et du fait qu'il ne lui en restait plus pour longtemps, pensée d'autant plus affolante pour lui qu'il est matérialiste, au sens philosophique du terme, et par conséquent ne croit pas en la survivance de l'âme.

J'ai protesté : « Ben voyons, papa, je vais peut-être mourir avant vous ! »

Je croyais stupidement le consoler, lui redonner espoir. Mais cette idée (que je puisse mourir avant lui) lui a paru d'une tristesse si grande, si insupportable, qu'il s'est mis à pleurer. Le matin, mes yeux étaient humides, je me demandais ce qui m'était arrivé, puis mon rêve m'est revenu.

Parfois, je reste de longues minutes à côté de lui. Il ne parle pas, comme si je n'étais pas là. Pour meubler le silence auquel on est si peu habitués, surtout entre deux hommes, je pense au roman que j'écris, je pense à D. ou à Julia, ou je pense au passé, à mon enfance merveilleuse, grâce à lui et à petite mère, bien sûr.

Je pense à lui lorsqu'il m'emmenait au golf lorsque j'avais dix ans, au club de Rosemère où je lui servais de *caddy*, et que ma plus grande joie était d'arrêter en route au restaurant pour déguster œufs au plat et bacon bien grillé. Je pense aussi aux samedis d'hiver où il m'emmenait prendre des cours de natation à la Palestre nationale, qui n'existe plus et où la récompense ultime était un *milk shake* à la fin, au snack bar de l'établissement : les enfants ont des plaisirs simples, et les motiver est… un jeu d'enfants : après, ça se complique !

Souvent je l'embrasse sur le front, qu'il a haut et large, je lui tiens les mains, qu'il a en général froides et sèches car il souffre d'hypotension (communément appelée basse pression). Il n'a jamais porté de montre ou de bagues. Je ne peux exercer mon narcissisme des petites différences contre lui pour cette habitude car moi non plus je n'ai jamais porté de bijoux.

Le fruit ne tombe jamais loin de l'arbre, même dans les détails, les pensées les plus infimes. Et bien souvent, en voulant faire le contraire de ses parents, on fait précisément comme eux !

En apparence, nous avons choisi des métiers totalement différents : il est un homme de chiffres, je suis un homme de lettres. Mais je conduis un peu ma carrière comme un homme d'affaires et lui, il a écrit quatre livres.

Avant-hier, il est sorti d'un assez long mutisme pour m'avouer : « Je voulais te dire, l'autre jour quand tu es venu me voir à l'hôpital et que tu m'as serré dans tes bras, ça m'a vraiment touché : c'est rare les expressions de tendresse entre deux hommes. »

C'était la première fois qu'il me faisait une confidence aussi personnelle, et j'ai dû balayer mes larmes sous le tapis de ma pudeur, une de mes spécialités.

Une de mes sœurs, elle, a peine à retenir les siennes et se met à pleurer presque chaque fois qu'elle le voit. Elle est plus sensible que moi, bien sûr.

Mais j'ai un remède contre le chagrin auquel elle n'a peut-être pas encore pensé. Je me dis que ce n'est pas mon père qui est assis là devant moi dans ce fauteuil roulant, l'œil absent, la main tremblante. Ou tout au plus, c'est juste une version de lui, comme la dernière page d'un livre magnifique qui aurait été mouillée ou brûlée, par quelque accident ou négligence de son propriétaire.

Mon vrai père, c'est cet homme brillant, dynamique, positif et fonceur qui est parti de rien et a construit son succès à la force du poignet, en déjouant les probabilités car il vient d'une famille extrêmement modeste et a dû travailler pour payer ses études aux HEC.

Je me console aussi du spectacle affligeant de son déclin en me disant que bien des gens n'ont pas ma « chance ». Ils ont perdu leur père beaucoup plus tôt, à 65, à 50 ans ou même ne l'ont jamais connu : lui vit encore à 85 ans.

Nous, sœurs et frères humains, avons de la difficulté avec la vieillesse. On veut tous vivre vieux, mais... on ne veut pas avoir l'air vieux, on ne veut pas souffrir des calamités du grand âge !

Et on s'imagine commodément qu'on va mourir en pleine forme à 110 ans, à peine ridé, à peine voûté, après avoir festoyé pendant des heures et fait l'amour toute la nuit !

Mais puisque nous parlons de vieillesse, pourquoi certains êtres vieillissent-ils ensemble alors que d'autres se séparent à répétition, cherchant un nouvel amour, une nouvelle raison de vivre, une nouvelle certitude – que parfois du reste ils ne trouvent pas ?

25

POUR ÊTRE HEUREUX À DEUX, SOYEZ D'ABORD HEUREUX… SEUL !

Dans son poème célèbre, chanté par Brassens, Aragon clame : « Il n'y a pas d'amour heureux… »

À la fin, il ajoute pourtant, incertain, paradoxal, romantique en fait : « Mais c'est notre amour à tous les deux. »

Il avoue donc… il y a des amours heureux !

En fait, il y en a peu, et la raison en est simple si on y pense : il n'y a pas beaucoup de… gens heureux !

Et la combinaison, même parfaite, de deux personnes malheureuses ne fera jamais des êtres heureux, ne fera jamais un couple heureux.

Ils seront peut-être moins malheureux que s'ils étaient seuls – et encore c'est discutable car parfois ils se disputeront comme des chiens, ils se déchireront, s'humilieront, se détruiront –, mais ils ne seront pas un couple heureux. Ça me paraît mathématiquement impossible.

Car passé l'exaltation des débuts, c'est ma conviction, *chacun retrouve son niveau de bonheur ou de malheur.*

Les êtres mesquins restent mesquins.

Les êtres tordus restent tordus.

Les êtres d'intelligence limitée ne deviennent pas du jour au lendemain des génies.

L'amour a de grandes vertus, mais pas celle-là !

Si vous êtes heureux et que vous avez la naïveté ou la bonté de vous mettre en ménage avec un partenaire malheureux, son malheur nivellera votre bonheur par le bas, l'aspirera vers les tréfonds de sa détresse. Soyez égoïste ou disons clairvoyant dans vos choix amoureux : c'est hélas la seule manière de rester heureux si on l'est déjà. Si le bonheur est contagieux, le malheur est infectieux.

Si votre nature profonde est anxieuse et tourmentée, si telles sont vos vibrations fondamentales, si tel est le noyau de votre être, la loi d'attraction vous attirera probablement un compagnon qui vous « alimentera » de sa nourriture empoisonnée.

Si vous êtes jaloux, vous rencontrerez un « fournisseur » d'infidélités supposées ou réelles. Ou un partenaire qui le deviendra, lassé d'être soupçonné de crimes qu'il n'a pas commis : autant l'être pour ceux dont on l'accuse, surtout avec la ravissante voisine ou le collègue de travail !

Le travail le plus important, pour être heureux en amour, est donc… le *travail sur soi* !

Si vous voulez être heureux en couple, commencez par être heureux individuellement : ainsi vous ne reprocherez pas à l'autre des malheurs dont il n'est pas responsable.

Soyez d'abord heureux : l'amour à deux vous sera donné par surcroît !

Je n'ai pas dit soyez *parfaitement* heureux. Si tel « malheur » vous frappait, vous n'auriez plus besoin de personne, vous deviendriez un grand sage, Bouddha ou Jésus.

Prenez, moi, par exemple.

Je me considère comme une personne heureuse et équilibrée, ce qui ne veut pas dire que je n'ai pas mes moments plus sombres, mes déceptions et mes tristesses.

Pourtant, je ne conçois pas ma vie sans amour.

Seul, je m'ennuie, je suis moins heureux.

J'aime Paris et le Louvre est beau, et je ne peux admirer la Joconde qu'avec mes deux yeux.

Mais Paris à deux, c'est mieux !

Et avec D., je me sens plus glorieux dans un deux étoiles (disons trois quand même parce que les femmes n'aiment pas les toilettes à l'étage, nous on fait avec !) que seul, avenue Montaigne, dans une suite somptueuse du Plaza Athénée.

Je me trouve alors juste stupide de semblable gaspillage romantique !

Stendhal parlait des *happy few,* le petit groupe des gens heureux.

Il y a aussi les *happy few* de l'amour, du couple.

Il est normal qu'ils ne soient pas si nombreux.

Pour s'en convaincre, il n'y a qu'à jeter un coup d'œil du côté des désolantes statistiques.

Une personne sur six souffrira dans sa vie de maladie mentale.

En outre, il y a plein d'amoureux qui sont toujours au bord de la rupture, qui se plaignent constamment que leur vie est insupportable et annoncent qu'ils vont se séparer, que cette fois-ci la coupe déborde, que leur partenaire est un monstre, qu'ils en ont assez.

D'ailleurs, soit dit en passant, c'est lassant pour leurs amis, ces plaintes et ces promesses jamais tenues.

Au lieu de toujours japper, ils devraient se séparer de leur conjoint !

Quand ça fait cinq ans que tu te plains du même conjoint, du même problème, tu n'es plus crédible et ta répétition ennuie ton public aussi sûrement que celle d'un romancier souffrant de la maladie d'Alzheimer : soit tu aimes ton malheur, soit tu n'as pas de couilles. On préfère les gagnants, tiens-toi-le pour dit ou tais-toi et trouve ailleurs ton bonheur.

D'ailleurs, il y a une théorie stupide et pourtant fort populaire (ce qui n'est pas incompatible, bien sûr !) qui affirme que tu es toujours avec la bonne personne ou avec la personne avec qui tu dois être à ce moment précis de ta vie.

NON !

Désolé, les penseurs nouvelâgistes, là-dessus vous avez tort !

Quand la personne avec qui tu es te traite comme de la merde, quand elle te bat ou t'humilie constamment et te trompe, fais tes valises et pars avant d'être mort(e) ou atteint(e) des maladies vénériennes qu'il ou elle t'a léguées !

Une personne sur dix a des problèmes d'alcool, de jeu ou de drogue, ou les trois à la fois, car ils vont main dans la main bien souvent, tristes aveugles conduisant d'autres aveugles vers la dépression et la faillite.

Bonne chance, le conjoint missionnaire ou naïf !

Une femme sur cinq souffrira de violence conjugale dans sa vie, ce qui ne veut pas nécessairement dire qu'un homme sur cinq est violent car ceux qui le sont peuvent abuser de plus d'une femme dans leur vie, c'est même leur *modus vivendi*. Mais quand même, ça donne une idée et ça limite du même coup les possibilités de couples heureux.

Et pourtant il y en a, des couples heureux, vraiment heureux : je dirais, sans avoir tenu de statistiques, un couple sur cinq.

Oui, un couple sur cinq, c'est pas si mal quand on y pense, et ça veut dire que ça vaut la peine de continuer à chercher si on est mal tombé la première fois – ou la deuxième ou la dixième !

26

LE PREMIER SECRET DES CENTENAIRES…
ET DES COUPLES HEUREUX !

Je connais plusieurs couples qui sont ensemble depuis 10 ans, 20 ans, 30 ans.

Qui non seulement sont ensemble mais – et c'est le plus important – sont heureux ensemble.

Car l'éloge de « la durée pour la durée » me semble navrant.

Avant, en effet, les gens restaient ensemble, heureux ou pas.

Maintenant, ils ne restent ensemble que s'ils sont heureux, sinon ils se séparent, et je crois que c'est mieux ainsi.

Car au moins ils ont une chance de refaire leur vie avec la bonne personne.

Les enfants en souffrent, surtout s'ils sont très jeunes, mais sans doute moins que s'ils étaient restés avec des parents malheureux.

Je ne dis pas que les couples heureux n'ont pas comme tout le monde des hauts et des bas, que leur amour conjugal les met *ipso facto* à l'abri des déboires professionnels et de la maladie, quoique les gens heureux soient moins souvent malades, c'est démontré.

Mais ils jouissent d'un haut niveau de bonheur.

L'autre jour, je regardais à la télé un fascinant reportage sur les centenaires.

Ils confiaient ce qui selon eux était l'explication de leur longévité, l'hérédité mise à part bien sûr car on n'y peut rien.

J'ai été frappé du fait que plusieurs de leurs secrets puissent s'appliquer aux couples heureux.

Voyons le *premier secret* des centenaires.

On dit un « petit vieux », jamais un « gros vieux ».

Les gens qui vivent vieux sont frugaux.

Ils mangent pour se nourrir, pour le plaisir aussi, mais ils ne s'empiffrent pas parce que c'est la seule joie qui leur reste ou qu'ils mangent leurs émotions.

Pour pas longtemps, du reste, car comme dit le dicton, on creuse sa tombe avec ses dents – s'il nous en reste !

J'ai d'ailleurs à ce sujet une théorie.

Je l'ai appelée la théorie des 100 000 tonnes de nourriture.

Je crois qu'on naît tous égaux, avec la possibilité d'assimiler 100 000 tonnes de nourriture dans toute sa vie.

Mettez plus ou moins si vous voulez, et faites exception bien sûr des athlètes qui peuvent ingérer 6 000 calories par jour car ils en brûlent autant !

On a le choix d'assimilier ces 100 000 tonnes à la vitesse qu'on veut.

Plus on prend du temps pour les assimiler, plus on vit vieux.

Moins on prend de temps pour le faire, plus on meurt jeune.

C'est donc une question de choix, pas de fatalité ou d'astrologie.

De discipline aussi, bien sûr, car manger est un plaisir de la vie, tant qu'il ne devient pas un plaisir de la maladie !

Frugaux, disciplinés, les petits vieux, les centenaires prennent soin d'eux.

Les couples heureux aussi.

Ils prennent soin d'eux *individuellement*, pour ne pas que leur partenaire puisse leur dire, après Aznavour : « Tu te laisses aller ! »

Pour ne pas imposer à l'autre – et à la société par la même occasion – le spectacle disgracieux et le fardeau précoce de leur mauvaise santé.

Ils prennent soin d'eux comme couple aussi.

Ils ont des obligations, bien sûr, les enfants, le travail, le soin de la maison. Cependant, ils ont aussi leur obligation d'être un couple.

Heureux.

Ils se gardent du temps pour eux, malgré un fol horaire.

Pour être à deux.

Pour faire les choses agréables qu'ils faisaient lorsqu'ils se sont rencontrés, se sont plu, se sont aimés. Il y avait l'amour, il y avait la chimie : mais il y avait aussi les choses qu'il aurait été agréable de faire même avec un ami.

Et que les couples malheureux ne font plus : et ensuite ils se demandent comment il se fait qu'ils s'ennuient ensemble et que la routine a eu raison d'eux !

Aller au resto, au cinéma, faire des promenades romantiques, de petits voyages impromptus, faire l'amour dans un petit hôtel, ne rien faire ensemble, mais bien le faire…

Pensez à Binou, le chien de ma fille Julia, qui était incapable de poursuivre notre promenade parce qu'il ne comprenait pas ce qu'il devait faire, un mouvement simple : juste revenir sur ses pas, ne pas «vivre stupidement dans le présent» et oublier par où il est passé pour pouvoir aller de l'avant !

Comme doivent faire les couples: revenir sur les premiers instants, se rappeler ce qui les a grisés, ce qui les a exaltés, et répéter les beaux moments.

Tout dans la vie n'est pas que mystères.

Parfois il suffit de petites choses simples pour obtenir de grands résultats.

Mais il FAUT les faire !

Il y a tant d'occasions de bonheur, de bonheur à deux, des occasions que trop souvent on ignore, peut-être parce qu'on dépose trop vite les armes devant la Routine, ouvrière redoutable de la mort de tant de couples.

On se laisse si souvent prendre dans le tourbillon de ses problèmes, de ses pensées, de ses ambitions, dans ce que Henry Miller appelait si justement le *cauchemar climatisé,* qu'on ne voit pas à côté de soi, sous son nez, toutes les beautés qui s'offrent, toutes les preuves d'amour qu'on reçoit de l'autre.

Un petit mot qu'il nous écrit, une lettre, un café qu'il nous sert le matin. D., c'est plutôt un verre de vin qu'elle m'apporte à la fin de l'après-midi quand elle voit que je peine à achever un chapitre ou simplement que j'ai bien travaillé et qu'il est temps de faire une sieste.

À deux de préférence.

Quand, il y a quelques années, j'ai été malade, toutes les petites attentions qu'elle a eues pour moi.

Au salon funéraire, où j'assistais aux obsèques d'une tante, j'avais eu un malaise et j'ai dû m'allonger, de crainte de m'effondrer.

Julia, qui n'avait que deux ans, s'est précipitée vers moi, affolée, les yeux pleins de larmes et a demandé: «Bobo, papa?» Et comme je répondais par la négative, pour ne pas l'inquiéter encore plus, elle me demanda, m'ordonna presque comme preuve que je ne mentais pas : « Assis, papa, assis ! »

À l'hôpital où je passai plusieurs jours, on ne me trouva rien, malgré toute une batterie de tests : j'en étais enchanté sauf que je ne pouvais faire dix pas sans me sentir faible ! Je n'avais même pas la force de lire, moi qui lis trois livres par semaine : c'est vous dire !

Heureusement, D. était là, qui m'apportait quotidiennement non seulement l'offrande de sa beauté (antidote parfait à la laideur des chambres d'hôpital !), mais aussi une rose nouvelle et... Assise près de moi, patiente, inquiète, amoureuse, elle me relisait nos passages préférés du *Quatuor d'Alexandrie*, que nous avions lu jadis et naguère à quatre mains, puis parfois abandonné au milieu d'une phrase, pour laisser libre cours à la folie de la nuit, qui était parfois celle du matin.

Un jour, D. poussa la délicatesse jusqu'à me lire des passages du *Discours de la méthode* de Descartes même si ce livre lui semblait suprêmement ennuyeux. Nous sommes ensemble depuis si longtemps que même si elle ne comprend pas tous mes plaisirs et que je ne comprends pas tous les siens, elle a quand même envie, c'est d'ailleurs son réflexe premier, sa « réaction par défaut », de me faire plaisir.

C'est de l'amour à grande dose, ça, ces petits riens de la vie à deux. Ces petits riens qui au fond sont tout, et que pourtant on oublie, parce qu'on souffre aisément d'amnésie amoureuse.

L'amour, le vrai amour, comme la maladie du reste, est sans doute le plus grand philosophe : sans grand discours, il nous ramène, à la vitesse de la lumière, aux vraies choses de la vie.

Il nous aide à distinguer ce qui compte de ce qui ne compte pas vraiment et il nous fait comprendre pourquoi souvent nous avons perdu beaucoup de temps en poursuites inutiles.

En cachette, pour me remonter le moral, D. m'apportait aussi, comme une voleuse, ou pour mieux dire comme une délinquante délicieuse, un smoked meat de chez Schwartz's (encore eux!) ou des croissants de chez Cavaliero.

Les malades trouvent tant de réconfort dans la nourriture préparée – ou en tout cas «illégalement» apportée – par l'être aimé.

Pour me faire rire, pour me faire oublier la déprime des hôpitaux, D. m'a rappelé quand, à nos débuts, tout de suite après avoir fait l'amour, elle s'est allongée près du mur et y a appuyé les jambes bien haut.

— Qu'est-ce que tu fais là? ai-je demandé, intrigué.

— Ben, c'est un truc pour tomber enceinte plus facilement, pour être sûre que rien ne se perde…

— Je ne suis pas sûr de comprendre…

— Ben, le premier soir tu m'as dit que j'étais si belle que tu aimerais me faire un enfant sur-le-champ… ou sur le divan!

— Je t'ai dit ça, moi?

Oui, je l'avais dit et, mieux encore, je le pensais: mais on est quand même toujours un peu surpris, lorsqu'on nous rappelle nos promesses… Trois semaines plus tard, elle m'annonçait qu'elle était enceinte de… Julia!

Un soir que j'en avais marre d'être à l'hôpital, D. a évoqué notre histoire de famille la plus drôle: quand Julia, à deux ans, était debout sur le comptoir de la cuisine et avait échappé ma tasse préférée qui s'était brisée en éclats sur le plancher. Dans un mouvement irrépressible, je l'ai grondée. Ses yeux se sont arrondis de terreur et, en un réflexe tout aussi inattendu que salvateur pour elle, elle a… pété!

Nous avons évidemment éclaté de rire, nous l'avons embrassée, et je ne sais pas si elle en a tiré un enseignement sur les vertus étonnantes des vents intimes, mais la gaffe a été pardonnée, puis est venue enrichir notre album de souvenirs à deux, pour mieux dire à trois.

Dans le premier chapitre de *Souvenirs d'égotisme*, Stendhal écrit : « Ma principale objection [à se raconter] n'était pas la vanité qu'il y a à écrire sa vie. Un livre sur un tel sujet est comme tous les autres ; on l'oublie bien vite, s'il est ennuyeux. Je craignais de déflorer les moments heureux que j'ai rencontrés, en les décrivant, en les anatomisant. Or c'est ce que je ne ferai point, je sauterai le bonheur. »

Malgré l'infini respect que les couples peuvent avoir pour l'auteur du roman *Le Rouge et le Noir*, ils ne devraient pas l'imiter, je crois, ils devraient même faire le contraire : ils ne devraient jamais « sauter le bonheur ».

Ils devraient anatomiser leurs souvenirs heureux, en faire un herbier...

Nous avons le nôtre, D. et moi.

Il s'y trouve plein de choses petites et grandes, des voyages, des fous rires, des vacances, des nuits. Mais y figurera toujours au premier rang, en tout cas pour moi, ces instants inoubliables où, à l'hôpital, allongée, le visage rouge et couvert de sueurs, D. « poussait » pour que voie le jour la lumière de ma vie, Julia, et moi je lui tenais la main et me félicitais un peu égoïstement d'être né homme.

Lorsque furtivement me traverse l'envie d'une vie autre, comme il doit arriver à bien des hommes, à bien des femmes, même heureux en ménage, cette image me revient et me rappelle à l'ordre, et me rappelle le sens véritable de la vie.

D.

Je la trouve belle, je l'ai toujours trouvée belle...

27

LE DEUXIÈME SECRET DES CENTENAIRES...
ET DES COUPLES HEUREUX !

Le troisième secret des centenaires (vous avez bien lu), c'est d'avoir un réseau social, familial et affectif qui les nourrit et donne un sens à leur vie malgré la retraite, qui conduit tant de gens au tombeau ou à la dépression.

Mais je ne voulais pas vous parler du troisième secret des centenaires, plutôt du deuxième, qui est *d'accepter ce qu'on ne peut pas changer.*

Sinon, on se fait de la bile, on a plus vite des cheveux blancs, on développe un ulcère et parfois un cancer.

Les couples heureux n'agissent pas autrement.

Ils acceptent chez l'autre ce qu'ils ne peuvent changer.

Sinon, ils seraient malheureux et se seraient séparés.

Le truc est, bien entendu, de faire preuve, dans les débuts, de clairvoyance amoureuse, afin que notre narcissisme des petites différences ne puisse pas s'exercer de manière trop virulente avec notre partenaire.

Sinon c'est la guerre, ou la frustration et bien souvent la séparation.

Les centenaires, comme les couples heureux, sont *résilients*, pour employer un mot à la mode.

Résilients non seulement avec leur conjoint, mais aussi avec les ex de leur conjoint, avec les enfants qu'ils ont eus avec eux, avec leurs propres enfants, bien entendu.

Avec les beaux-parents, aussi.

Pas besoin de vous en dire plus si vous en avez: vous pourriez réécrire les yeux fermés *Friday the 13th*!

Résilients, les centenaires et les couples heureux sont presque toujours des gens remplis de compassion, ou en tout cas dotés d'un niveau de compassion assez élevé.

Des gens généreux, en somme.

En tout cas plus généreux qu'égoïstes.

Et donc qui parviennent à contenir en eux le narcissisme des petites différences.

Des gens qui, aussi, possèdent un haut niveau de contentement.

Qui sont contents de leur travail, de leurs amis, de leurs enfants, de leur physique, malgré les cinq ou dix kilos de trop, la calvitie ou les rides.

Qui sont contents de leur conjoint, bien sûr, même avec ses défauts, ses imperfections, qui parfois les agacent: mais leur agacement s'arrête où commence leur sagesse car ils se rappellent régulièrement qu'eux aussi peuvent être «agaçants» pour leur partenaire.

Des gens qui, *grosso modo*, sont contents de leur vie.

Tant de couples se défont au bout d'un an ou de trois ans: et c'est pour cette raison sans doute que le livre *L'amour dure trois ans* de Beigbeder a connu tant de succès, parce que son pronostic est trop vrai.

J'ai aussi observé – probablement comme vous – que même si c'est parfois la femme qui part en premier, c'est presque toujours l'homme qui en est responsable, qui commet la première faute.

Et cette faute est souvent la négligence amoureuse, et plus souvent encore l'infidélité.

Car l'homme plus que la femme est victime de la déception post-achat : en d'autres mots, facilement insatisfait, branché sur la séduction plus que sur l'amour vrai, il éprouve de la difficulté à vivre le quotidien du couple, et peut-être même le quotidien tout court. Et c'est peut-être pour cette raison que tant d'hommes vivent difficilement la fidélité et, plus tard, leur retraite, quand ils y survivent. Privés de ce jouet abstrait qu'est leur travail, plongés brutalement dans l'obligation de simplement vivre la vie de tous les jours, blessés dans leur orgueil (de mâle), se sentant inutiles, ils préfèrent plier bagage pour de bon.

La vie, rien que la vie, ne leur suffit pas.

Et pourtant, y a-t-il autre chose ?

Romain Gary disait, dans une interview : « Voilà presque cinquante ans que l'on nous parle de la crise des valeurs. Il y a pourtant une valeur bien vivante qu'aucun sarcasme, aucun terrorisme intellectuel, aucun travail de sape n'est parvenu à entamer : c'est le couple. J'entends par là un homme qui vit une femme, une femme qui vit un homme. [...] C'est une autre dimension, un autre sexe, une autre espèce, un autre pays. »

Un homme qui vit une femme, une femme qui vit un homme... N'est-ce pas un programme plus exaltant, plus profond, plus mystérieux et glorieux (mais sans doute aussi plus difficile) que de chercher constamment dans des bras nouveaux trois autres années de « bonheur » ?

28

LE COUPLE HEUREUX EST UN ROSIER

Je lisais l'autre jour dans le journal l'histoire d'un idiot qui aimait les roses.

Idiot parce qu'il se targuait de tant les aimer que, dès que les fleurs de ses rosiers étaient fanées, il les… arrachait !

Pas les roses, mais les rosiers tout entiers !

Et il en replantait glorieusement de nouveaux !

Il ignorait qu'il suffit de tailler les fleurs fanées pour que les rosiers refleurissent, parfois trois ou quatre fois par saison, du moins avec nos étés montréalais.

Cet amateur de roses (amateur ! c'est le cas de le dire) ressemble un peu à ceux qui sont rapidement déçus, rarement satisfaits.

Ils arrachent et replantent leur rosier, au lieu de tailler, au lieu de s'en occuper.

Pour eux, l'amour dure ce que durent les roses.

Pour les couples heureux, pour les couples qui durent, l'amour, c'est le rosier lui-même !

Le rosier qui traverse le temps, qui traverse les saisons.

Si, bien sûr, il est planté dans une bonne terre (qui ne permet pas de le rejeter par un trop grand narcissisme des petites différences!), s'il a suffisamment de pluie, de soleil et d'engrais.

Si on éloigne de lui les parasites!

Le rosier dont les racines s'approfondissent avec les ans, et qui par conséquent peut traverser de longues, de très longues sécheresses sans en trop souffrir. (Ce sont les épreuves dans un couple: la maladie, celle du partenaire, des enfants, quelque déboire financier, la routine parfois ou le ras-le-bol passager: c'est l'hiver, patientons jusqu'au printemps, de belles surprises attendent notre couple!)

Le rosier a des épines, mais seulement pour éloigner les raseurs et les parasites!

Plus on s'occupe de ses roses, plus elles embellissent! Comme son partenaire dont on ne voit plus les rides ou les défauts, car ils font partie de l'histoire de son couple: un homme qui vit une femme, une femme qui vit un homme. Et ce que vous avez vu, ce que vous voyez est beau!

Mais il faut y travailler (dans la joie tout de même!), développer son « talent » pour l'autre, à la limite devenir un génie de l'amour, et faire de son couple un chef-d'œuvre.

On ne gagne pas de prix: on gagne mieux, on gagne une vie!

On gagne la joie secrète et profonde de vivre à deux.

Vraiment.

Dans ce monde plutôt froid et dur, et pas toujours sympathique.

C'est précieux, un vrai ami, et c'est rare, comme tout ce qui est précieux. Si les diamants jonchaient les rues, ils ne vaudraient rien. Si tout le monde était un génie, personne n'en serait un. Ça vaut la peine de « s'occuper de son rosier », de cultiver son jardin comme le prescrivait Voltaire, d'y mettre le temps et l'effort, pourvu que ce ne soit pas un effort si grand qu'on se rend alors compte qu'on le fait avec la mauvaise personne.

Ce faisant, non seulement on s'attelle au magnifique programme annoncé par Rilke dans *Lettres à un jeune poète* et tant de fois cité, je sais, mais on le réussit :

« L'amour d'un être humain pour un autre, c'est peut-être l'épreuve la plus difficile pour chacun de nous, c'est le plus haut témoignage de nous-même ; l'œuvre suprême dont toutes les autres ne sont que des préparations. »

Lorsque j'ai terminé mon premier roman, j'ai éprouvé un sentiment d'exaltation certes (même s'il était affreusement mauvais !), mais aussi une sorte d'angoisse dont je n'ai pas l'exclusivité, je crois.

Je me suis dit, comme sans doute bien des débutants : « Qu'aurai-je à dire, maintenant ? Pourrai-je écrire autre chose ? »

Bien naïvement, je me croyais déjà au bout de mon rouleau littéraire !

Je craignais d'être sec, d'être à bout de sujets, déjà, à seulement 22 ans !

Avec le temps, je me suis rendu compte que lorsque vous faites le métier auquel vous êtes destiné, c'est comme avec un entonnoir dans lequel vous entrez par le petit bout.

Plus vous avancez, plus il s'agrandit, et à la fin, ravi, étonné, vous débouchez sur l'infini !

Votre seul problème est que vous n'aurez pas le temps d'écrire tout ce que vous avez à écrire.

Il vous faudrait plus qu'une vie.

Je crois que la même chose se produit avec l'être qui nous est destiné, appelez-le comme vous voudrez, votre âme-sœur, votre Ami, votre Amour, votre compagnon éternel.

Avec les êtres de passage – et il y en a de fort agréables et de fort instructifs qui d'ailleurs nous ont mené par leur mauvais caractère, leur départ, etc. à celui qui nous était destiné – on entre dans le couple par le grand bout de l'entonnoir.

Mais plus on avance, plus l'horizon se rétrécit, plus on s'ennuie, plus on se dispute.

C'est qu'on se dirige vers le petit bout de l'entonnoir, et à la fin, forcément, on se sent à l'étroit et on étouffe !

Mais avec votre grand Amour, vous entrez par la porte étroite, par le petit bout de l'entonnoir et plus vous avancez, plus ça s'élargit, plus c'est vaste, plus c'est grisant, mystérieux et beau !

Ça ne finit jamais, c'est la mer toujours recommencée ! Et à la fin, avec un peu de chance et de patience, vous débouchez sur l'infini.

Pas juste l'infini de l'autre, pas juste l'infini du couple mais… l'infini de votre être !

Et la vraie vie commence.

Ou plutôt, elle continue, mais encore plus mystérieuse et belle qu'elle ne l'a jamais été.

Avec le temps, après avoir regardé un peu autour de soi et en soi, bien sûr, on se rend compte que le mariage, que les unions à long terme, ce sont deux consciences, deux âmes qui voyagent ensemble.

Qui s'aident.

Qui se blessent parfois même si elles s'aiment.

Qui rient ensemble, pleurent ensemble.

Qui s'amusent ensemble et parfois aussi s'ennuient ensemble.

Qui traversent des périodes creuses.

Qui même se séparent parfois, mais reviennent bientôt ensemble, car c'est leur destin.

Qui parfois se trompent, même, mais passent l'éponge.

Qui ont ou non des enfants.

Qui partagent leur vie – et parfois leur solitude.

Mais qui en bout de ligne, quoi qu'ils en disent ou en pensent, sont toujours l'un pour l'autre des maîtres spirituels.

Car l'autre toujours nous fait avancer.

Émotivement.

Intellectuellement.

Parfois aussi socialement et financièrement, bien sûr.

Mais toujours spirituellement.

Et c'est la seule chose qui compte vraiment, car c'est la seule chose qu'on emporte avec soi.

Parfois, il faut du temps pour s'en apercevoir.

On veut souvent fuir son maître car il exige trop de nous, même s'il exige exactement ce qu'il nous faut, ni plus ni moins, par une mesure céleste dont lui seul a le secret.

Mais ce n'est pas bien grave car on revient toujours à lui au bout d'un certain temps : à chacun son rythme et sa manière.

Votre âme a l'éternité devant elle, c'est son hôtel !

RÉFÉRENCES

Allen, Woody, *Annie Hall*, film, MGM Home Entertainment, Santa Monica, 1998.

Aragon, Louis, « Il n'y a pas d'amour heureux » in *La Diane française*, Seghers, Paris, 2005.

Cohen, Albert, *Le livre de ma mère*, coll. « Folio », Gallimard, Paris, 1983.

de Chateaubriand, François-René, *Le Génie du Christianisme*, Flammarion, Paris, 1975.

Diderot, Denis, *Jacques Le Fataliste*, Gallimard, Paris, 1973.

Fein, Ellen et Sherrie Schneider, *The Rules*, Grand Central Publishing, New York, 2007.

Freud, Sigmund, *Malaise dans la civilisation*, PUF, Paris, 1981.

Gary, Romain, *Clair de femme*, Gallimard, Paris, 1977.

Pascal, Blaise, *Pensées*, Albin Michel, Gallimard, Paris, 1994.

Platon, *La République*, Le Livre de Poche, Paris, 2009.

Rilke, Rainer-Maria. *Lettres à un jeune poète*, Grasset, Paris, 1937.

Sartre, Jean-Paul, *Baudelaire*, Gallimard, Paris, 1947.

Stendhal, « Le Code d'amour courtois » in *De l'Amour*, Flammarion, Paris, 1965.

Stendhal, *Souvenirs d'égotisme*, coll. « Folio », Gallimard, Paris, 1983.

Swedenborg, Emmanuel, *L'amour vraiment conjugal*, Cercle Swedenborg, Meudon, 1974.

Valéry, Paul, *Tel Quel*, Gallimard, Paris, 1996.

TABLE DES MATIÈRES

1. Ce qu'il faut pour tomber amoureux 9
2. Sommes-nous compatibles ? 13
3. Même amoureux, on pense un peu en banquier 17
4. Pourquoi fait-on des compromis – et avec qui ? 21
5. Notre espoir amoureux nous joue des tours 27
6. Pourquoi les hommes – et les femmes – regardent les femmes ! 31
7. On commence par le sexe, on finit par l'argent ! 35
8. Problèmes d'argent ou de sexe ? 43
9. Combien doit gagner votre partenaire ? 49
10. Comment les stéréotypes « pensent » pour nous 55
11. Pour survivre à la guerre des sexes 63
12. Même en amour, fiez-vous aux faits ! 71
13. Mesdames, mettez *tout* en commun – sauf *tout* votre argent ! 77

14. Conseils aux femmes qui veulent des enfants	81
15. Le couple peut-il survivre aux rénovations ?	89
16. Petits pactes pour le bonheur à deux	99
17. Qui fait le ménage quand… on se met en ménage ?	103
18. Combien de « jobs » a votre femme ?	113
19. Grande nouvelle : ce n'est pas toujours l'autre qui a tort !	115
20. « La vie est belle, papa… »	121
21. Des enfants, c'est pour la vie !	127
22. Pourquoi trompe-t-on l'autre ?	137
23. Devrait-on éliminer les ex ?	155
24. Quand nos parents deviennent nos enfants	159
25. Pour être heureux à deux, soyez d'abord heureux… seul !	167
26. Le premier secret des centenaires… et des couples heureux !	171
27. Le deuxième secret des centenaires… et des couples heureux !	179
28. Le couple heureux est un rosier	183
Références	189

Du même auteur

Croyez en vous, même si on vous trouve fou!, Un monde différent, 2010.
L'Apprenti-Millionnaire, Un monde différent, 2009.
Le Secret de la Rose, Un monde différent, 2008.
Le plus vieux secret du monde, Un monde différent, 2007.
Le Millionnaire paresseux, Un monde différent, 2006.
Les Principes spirituels de la richesse, Un monde différent, 2005.
Mort subite, suspense, Les Intouchables, 2004.
Le Testament du millionnaire, Un monde différent, 2002.
Le Métier de romancier, Trait d'Union, 2001.
L'Ascension de l'âme, Un monde différent, 2001.
La vie est un rêve, roman autobiographique, Un monde différent, 2001.
Ma mère et moi: éloge de l'amour maternel, Flammarion, collectif 2000.
L'Ouverture du cœur, Un monde différent, 2000.
Le Bonheur et autres mystères, essai, Un monde différent, 2000.
Les Six degrés du désir, Lanctôt, 2000.
L'Homme qui ne pouvait vivre sans sa fille, Libre Expression, 1999.

Achevé d'imprimer au Canada
sur les presses de Imprimerie Lebonfon Inc.

 L'impression de cet ouvrage sur papier recyclé a permis de sauvegarder l'équivalent de 47 arbres de 15 à 20 cm de diamètre et de 12 m de hauteur.